U0857817

山东省高水平应用型立项建设专业(群)项目成果

我国体育教练员核心竞争力的培育研究

王 芹 著

山东大学出版社

图书在版编目(CIP)数据

我国体育教练员核心竞争力的培育研究/王芹著.
—济南:山东大学出版社,2019.3
ISBN 978-7-5607-6316-3

Ⅰ.①我… Ⅱ.①王… Ⅲ.①教练员—核心竞争力—
人才培养—研究—中国 Ⅳ.①G812.5

中国版本图书馆 CIP 数据核字(2019)第 063396 号

策划编辑:武迎新
责任编辑:武迎新
封面设计:张　荔

出版发行:山东大学出版社
社　址　山东省济南市山大南路 20 号
邮　编　250100
电　话　市场部(0531)88363008
经　　销:新华书店
印　　刷:泰安金彩印务有限公司
规　　格:880 毫米×1230 毫米　1/32
8 印张　201 千字
版　　次:2019 年 4 月第 1 版
印　　次:2019 年 4 月第 1 次印刷
定　　价:38.00 元

前　言

竞技体育优异成绩的取得及健康持续发展的关键之一是要拥有一批优质的、高水平的教练员。一名具有世界水准的教练员可以造就一批高水平运动员。教练员的核心竞争力在很大程度上决定着运动项目的核心竞争力。教练员核心竞争力体现在哪里？如何培育教练员的核心竞争力？这些问题值得思考。因此，本书对这些问题进行了探讨。其整体框架和主要内容如下：

第一章：教练员核心竞争力研究概述。本部分提出了教练员核心竞争力这一研究问题，分析了教练员核心竞争力的研究价值，梳理了核心竞争力和教练员等相关文献，介绍了本书的研究方法等。

第二至四章：教练员核心竞争力的基础理论。本部分介绍了研究的理论基础——核心竞争力理论、社会实践理论，分析了教练员的核心竞争力的概念、特征、功能、形成的条件等，阐释了教练员核心竞争力的三个维度。

第五、六章：教练员文化资本、社会资本的积累与培育。本部分深入分析了教练员文化资本和社会资本的积累措施，文化资本积累措施包括教育培训、行动反思、代际传递、师徒制传承、教育服务购买、学习型教练员团队的参与等；教练员社会资本的培育措施包括适度拓宽社会网络规模，解决或平衡家庭工作冲突，获得国家支持、组织支持和个体支持等。

第七章：教练员教练技术的锤炼。本部分在梳理教练技术发展历程的基础上，从决策技术、沟通技术、激励技术等方面分析了教练员教练技术提升策略。

第八章：教练员责任担当的培育。本部分分析了教练员社会责任的构成——竞技体育责任、全民健身责任和学校体育责任，提出了培育教练员社会责任的具体措施；分析了教练员职业身份认同的构成，从社会认同、组织认同和教练员自我认同等方面系统地阐释了教练员职业认同的具体举措；阐释了教练员国际理解教育的内容、途径等。

本书是山东省高水平应用型立项建设专业（群）项目成果，同时也是山东省科技发展计划项目“竞技体育优秀教练员核心竞争力研究”（项目编号：2013YD2205）的结项成果。从课题的申报到著作的出版历时 7 年，其间几易其稿。在书稿（课题）完成过程中得到众多学者、朋友的大力帮助，尤其得到课题负责人周曰智教授的鼎力支持。在此，特向为本书出版提供过无私帮助的同仁表示深深感谢！

作　者

2019 年 2 月 16 日

目　录

第一章　教练员核心竞争力研究概述

第一节　问题的提出

一、教练员核心竞争力现象

中华人民共和国成立以来，竞技体育的迅速发展不仅催生了一个又一个世界纪录，夺得一个又一个世界冠军，同时还塑造了一批批“金牌教练”，如高健、黄玉斌、李永波、蔡振华等，诸多教练员在各自所从事的运动项目圈内形成了自己的竞争优势。这些“金牌教练”似乎有一种“点石成金”的水平，蕴藏着巨大的能量，吸引着、凝聚着优秀运动员。对运动员来讲，能成为这些“金牌教练”的弟子，是他们的荣幸或向往。

当我们细细品味中国竞技体育发展中的教练员问题时，便会想到：这些“金牌教练”为什么具有竞相追捧的“魔力”（竞争优势）？是什么构成了这些教练员的竞争优势？在研究“金牌教练”所从事的运动项目优势结构要素问题的时候，虽然我们难以摆脱体育项目管理体制、制度等环境差别所带来的影响，但总是存在具有共性的能促使教练员形成竞争优势的核心要素，这些要素是形成教练员“圈内”项目竞争优势的关键，而对此问题的探讨对于认识教练员竞争力或项目竞争优势具有重要价值。

二、教练员核心竞争力的研究价值

现代竞技体育的竞争，从一定意义上说是教练员水平的竞争。我国竞技体育的可持续发展乃至优势的提升、保持，需要人、财、物、信息等资源以及制度、管理等相互作用的要素。[①] 很显然，在这些要素中“人”的要素处于核心地位，任何的要素都必须围绕“人”的要素起作用，否则一切要素的作用都无从谈起。而“人”的要素中，教练员则是重中之重，竞技体育的发展、优势的保持不仅需要拥有一支稳定的、充足的教练员队伍，而且还需要具有“金牌教练”能力的优秀教练员队伍。世界竞技体育的发展经验业已表明，只有金牌级的教练员，才会有金牌级的运动员。由此可见，教练员尤其是优秀教练员作为一种人才资源在促进竞技体育可持续发展方面起着其他任何资源都无可替代的重要作用，加强优秀教练员的管理是新时期促进我国竞技体育可持续发展的核心要素。

第二节　文献梳理

一、核心竞争力理论

1990 年，普拉哈拉德(C. K. Prahalad)和哈默尔(Gary Hamel)在

① 参见王健、李宗浩：《我国竞技体育项目整体发展水平及其影响因素分析》，《天津体育学院学报》2003 年第 4 期。

《哈佛商业评论》发表《企业的核心竞争力》[①]一文，引发了国内外学者对核心竞争力的探讨。该文的“企业核心竞争力是持续竞争优势之源”的观点被众多学者所接受，由此确立了核心竞争力在当今管理理论中的价值与地位。该文认为，核心竞争力是“组织中的尤其是关于协调不同生产技能和有机结合多种技术流的积累性学识，是经验规范和价值观的传递”，“来自于企业组织的集体学习”，是“交流、介入和跨越组织边界的深入工作，它涉及许多层次上的人员和所有的职能”。核心竞争力的形成需要企业内部独特资源、知识和技术的积累与整合，通过有效的积累与整合过程，企业由此具备了独特、持久的竞争力。由此可见，“核心竞争力是组织内部一系列互补的技能和知识的集合体，而不是单一或分散的技能或技术，是组织对各种技术、知识学习的总和，核心竞争力能使企业一项或多项业务达到世界一流水平”[②]。企业的核心竞争力是以企业核心资源为基础，具体表现为技术、产品、管理、文化等方面的综合优势在市场上的反映，企业通过主动学习及核心竞争力的不断积累就可能较其他企业更早地发现市场机会。可见，企业的持续健康发展是与核心竞争力密不可分的，企业也必须不断地提高其核心竞争力才能在市场竞争中获得更大的优势。

普拉哈拉德和哈默尔的核心竞争力理论引起了国内外学者的广泛关注，国外学者对核心竞争力内涵从多角度、多方位进行了研究，并且形成了诸多核心竞争力的学术流派与观点：以普拉哈拉德和哈默尔为代表的整合观流派更加关注“不同技能与技术流的整

---

① C. K. Prahalad, Gary Hamel, “The Core Competence of the Corporation,” *Harvard Business Review*, Vol. 68, No. 3, 1990. “Core Competence”，有“核心能力”“核心竞争力”之常见译法与理解，两者表达的含义应无实质性区别，本书选用“核心竞争力”这一译法。

② 刘瑞波：《核心竞争力理论研究综述及其展望》，《山东财政学院学报》2009 年第 2 期。

合”，强调能力整合；以普拉哈拉德为代表的组合观流派关注各种能力的组合，强调“战略管理能力、核心制造能力、核心技术能力、核心营销能力、组织管理能力”。在国内，中国社会科学院的金碚研究员是对竞争力、核心竞争力研究较早的一位专家，他认为核心竞争力“通常是指企业所具有的不可交易(不可竞争)和不可模仿的独特的优势因素，核心竞争力往往是难以直接比较和难以进行直接计量的”①。同国外的研究，国内学者对核心竞争力的研究也形成了资源观、资产与机制融合观、消费者剩余观、体制与制度观、能力观、创新观、组合观、文化与价值观等不同流派或观点。② 比如：资源观认为，企业核心竞争力是无形资产，它在本质上是企业通过对各种技术、技能和知识进行整合而获得的能力，强调了企业核心竞争力维度是技术、技能、知识；资产与机制融合观强调了多方面技能、互补性资产和运行机制的有机融合，将企业核心竞争力界定为“由核心产品、核心技术和核心竞争力等核心资产构成的，是核心资产的综合运用和反映，是企业多方面技能、互补性资产和运行机制的有机融合”③。

新理论的产生势必以应用作为终端，而应用即实践则是推动理论成熟的重要过程。核心竞争力理论产生后，对该理论应用的研究成果不断涌现，这些研究除了关乎企业核心竞争力外，更多集中在组织(如普通公办学校、民办学校)核心竞争力研究层面。

在体育领域较早研究核心竞争力的学者当属南昌大学黄卓教授，该学者于 2001 年撰写的《对竞技体育事业核心竞争力评价指标体系的初步设计》一文论述了“竞技体育事业核心竞争力”的概

① 金碚：《竞争力经济学》，广东经济出版社 2003 年版，第 26 页。

② 参见王晓萍：《企业核心竞争力研究的回顾与展望》，《生产力研究》2005 年第 6 期。

③ 刘世锦、杨建龙：《核心竞争力：企业重组中的一个新概念》，《中国工业经济》1999 年第 2 期。

念、基本特征，阐述了确定核心竞争力的必备条件，同时对竞技体育事业核心竞争力评价指标体系进行了设计。[①] 值此研究之后，有关体育领域核心竞争力的研究逐步展开，研究数量逐渐增多，研究客体涉及高等体育院校[②]、体育用品企业[③]、体育赛事商业圈[④]、竞技体育项目[⑤]、职业体育俱乐部[⑥]等等，上述核心竞争力理论和体育领域相关研究成果对本研究所提出的教练员核心竞争力命题有着重要的参考意义，对于深化认识本研究提出的问题具有重要价值。

二、组织核心竞争力的研究

（一）企业核心竞争力研究

核心竞争力最早出现在企业方面，因此在这一方面关于核心竞争力的研究相对较多。舒辉提出了适应我国企业现实水平的核心竞争力培育模式：一是基于资源获取能力的企业核心竞争力培育模式；二是基于组织能力的企业核心竞争力培育模式；三是基于

---

① 黄卓、兰续章：《对竞技体育事业核心竞争力评价指标体系的初步设计》，《安徽体育科技》2001 年第 3 期。

② 参见闵健：《体育院校的核心能力与多样化发展》，《成都体育学院学报》2003 年第 1 期。

③ 参见胡淑贤、杨思曈：《我国体育用品企业核心竞争力的研究》，《武汉体育学院学报》2006 年第 6 期。

④ 参见丛湖平、罗建英：《体育商业赛事区域核心竞争力》，《体育科学》2007 年第 1 期。

⑤ 参见邓万金、张雪芹：《我国竞技体育核心竞争力指标体系构建研究》，《成都体育学院学报》2011 年第 2 期；吴劲松、邓万金、张雪芹：《中国竞技体育核心竞争力的定义、构成及特征》，《体育学刊》2012 年第 3 期。

⑥ 参见赵广涛：《职业体育俱乐部核心竞争力动力模型的构建》，《西安体育学院学报》2012 年第 4 期。

技术能力的企业核心竞争力培育模式。[①] 王秉安指出了企业核心竞争力理论的实际意义、对企业核心竞争力认识的偏差以及企业核心竞争力的管理。[②] 肖艳芳从企业文化的角度，提出企业文化是核心竞争力形成的基础和重要组成部分。[③]

(二)高校核心竞争力的研究

从大学的角度上对于核心竞争力的研究也相对较多。郑家成指出，大学核心竞争力存在于大学精神、大学制度、学科成长机制三个方面。[④] 孙美丽从核心竞争力的竞争主体、对象、结果三个方面将大学核心竞争力诠释为：大学核心竞争力＝大学的整体竞争能力；大学核心竞争力＝大学对竞争对象的整体吸引力；大学核心竞争力＝大学整体的获益能力。[⑤] 张卫良指出大学核心竞争力的六个特征，即能力的人格化、价值性、无形性、整体性、持久性、刚性，同时也提出大学核心竞争力的五种结构模式，即层次结构模式、"自组织运动方程式"、能级系统模式、战略资源模式。[⑥] 苏荟等指出高校核心竞争力进化过程分高校发展的初级阶段、高校发展前阶段、高校发展后阶段、高校成熟阶段、高校衰退阶段这五个阶段，同时也提出高校核心竞争力构成要素之间 PMC 发展模式、

---

① 参见舒辉：《中国企业核心竞争力培育模式分析》，《世界标准化与质量管理》2004 年第 4 期。

② 参见王秉安：《企业核心竞争力理论应用的探讨》，《福建行政学院学报》2000 年第 2 期。

③ 参见肖艳芳：《企业文化与核心竞争力培育之关系研究》，《现代财经(天津财经学院学报)》2003 年第 10 期。

④ 参见郑家成：《大学核心竞争力本质论》，《清华大学教育研究》2004 年第 6 期。

⑤ 参见孙美丽：《大学核心竞争力评价研究》，苏州大学硕士学位论文，2008 年。

⑥ 参见张卫良：《大学核心竞争力理论与实践研究》，中南大学博士学位论文，2005 年。

三轮驱动模式两种发展模式。① 杨道远将高校核心竞争力内涵概括为资源观、能力观、资源和能力要素协同观、文化观四个方面，也将高校核心竞争力构成要素概括为单一要素说、两要素说、三要素说、多要素说四类，同时还将培育和提高高校核心竞争力的研究概括为顶层设计、学科建设、制度创新、文化建设四个方面。②

三、竞技体育核心竞争力的研究

在竞技体育方面，关于核心竞争力的研究有许多。刘颖对我国竞技体育优势项目的核心竞争力进行了深入研究，指出我国竞技体育优势项目存在的六点问题：一是对优势项目群中的弱势项目扶持和转化不够；二是对基础项目及奥运设金较多的大项目开发不足；三是对大赛中有所突破的项目扶持有限；四是对科技成果的转化及应用未能引起足够的重视；五是对“三级训练网”培养体系面临的困境缺乏应对措施；六是对知识资源共享机制的运行缺乏有效的监督管理。③ 鲁飞分析了竞技体育核心竞争力所追求的三大价值、所符合的五个条件以及所具有的六个特征，并提出了构建竞技体育核心竞争力的三个途径。④ 吴劲松等将中国竞技体育核心竞争力的指标体系分为动力层竞争力、支撑层竞争力、环境层竞争力，并指出动力层核心竞争力是中国竞技体育核心竞争力的

---

① 参见苏荟、胡宜挺：《高校核心竞争力构成要素及作用机理研究》，《辽宁教育研究》2008 年第 1 期。

② 参见杨道远：《高校核心竞争力理论研究述评》，《武汉交通职业学院学报》2014 年第 2 期。

③ 参见刘颖：《我国竞技体育优势项目核心竞争力的培育及研究》，《沈阳体育学院学报》2006 年第 3 期。

④ 参见鲁飞：《试论竞技体育的核心竞争力》，《中国体育科技》2007 年第 3 期。

源动力。[①] 邓万金指出中国竞技体育核心竞争力具有较强的时代性和动态性，它随着世界竞技体育格局和我国竞技体育运动水平的不断变化而变化。[②] 高元元等将核心竞争力理论应用于陕西省体操队的研究，首次建立了包含 2 个一级指标、5 个二级指标以及 18 个三级指标的评价指标体系。[③] 刘成等对我国竞技体育优势项目核心竞争力进行了分析，解释了其概念和内涵，并对 6 个项目的核心竞争力进行了实证研究。[④] 王莹指出影响安徽省竞技体育事业发展核心竞争力的因素包括人才资源、项目结构、科研与训练比赛、资源配置与投入四个方面。[⑤] 祁明德等构建了区域竞技体育核心竞争力形成机制模型，同时也从硬性因素和软性因素两个方面把区域竞技体育核心竞争力构成因素概括为六点。[⑥] 刘寒青等将我国竞技体育部分优势项目核心竞争力构成要素概括为竞技体育制度、竞技体育精神、优秀教练员及运动员成长机制和竞技体育科技保障四个因子集合。[⑦]

综上所述，关于核心竞争力的研究最早是在企业方面引进，经过发展逐渐向高校、职业俱乐部以及竞技体育方向渗透。至今为

---

① 参见吴劲松、邓万金、张雪芹：《中国竞技体育核心竞争力的定义、构成及特征》，《体育学刊》2012 年第 3 期。

② 参见邓万金：《我国竞技体育核心竞争力动态链管理体系研究》，《北京体育大学学报》2018 年第 2 期。

③ 参见高元元、胡效芳：《陕西省竞技体操队核心竞争力评价研究》，《天津体育学院学报》2009 年第 4 期。

④ 参见刘成、司虎克：《我国竞技体育优势项目与核心竞争力关系研究》，《北京体育大学学报》2010 年第 6 期。

⑤ 参见王莹：《安徽省竞技体育事业发展的核心竞争力研究》，《运动》2013 年第 16 期。

⑥ 参见祁明德、许晓音：《区域竞技体育核心竞争力培育研究》，《广州体育学院学报》2012 年第 2 期。

⑦ 参见刘寒青、刘成、司虎克：《我国竞技体育部分优势项目核心竞争力的构成要素分析》，《天津体育学院学报》2011 年第 2 期。

止关于核心竞争力的研究在竞技体育方面也有了许多新的进展，不过对于核心竞争力的概念、内涵、特点、构成众说纷纭，没有达到一个系统的整体解释。近年来，核心竞争力理论在体育领域中的研究主要集中在体育管理、体育事业、体育产业和体育专业设置，大部分的文献资料都集中于对核心竞争力在竞技体育领域的笼统的研究，涉及教练员的核心竞争力的研究非常少。

四、社会实践理论的研究

（一）关于社会实践理论

1. 布迪厄（Pierre Bourdieu，1930～2002）理论研究脉络分析

第二次世界大战后的社会危机，激发了布迪厄进一步深入研究资本主义社会制度的不平等及其隐藏的危机，通过继承、发展马克思主义思想，创立了“场域”“惯习”和“资本”的社会实践理论。具体来说，就是行动者在介入实践空间场域中，通过实践逻辑惯习改变，运用实践工具资本的提高来制定和运用策略。从 20 世纪 60 年代，布迪厄通过对阿尔及利亚的研究创作了《实践理论大纲》（1972），重新思考社会学理论实践，经过修改、反思形成《实践感》（1980），与他的学生华康德合作完成《实践与反思》（1992）等著作。在《男性统治》一书中，布迪厄分析了卡比尔人的仪式和神话，分析了其结构在他们的社会同样也在我们的社会中如何指导日常生活，这样他便能探索植根于男人霸权的符号暴力机制的具体运作方式。布迪厄是当今社会学界炙手可热的大师，他的理论著作对中西方学者产生了巨大的影响力。

2. 国内学者关于布迪厄理论的研究

我国对西方思潮的研究从清末到 1949 年一直是较为零碎、一

般化的研究，未形成学科体系。[①] 中华人民共和国成立后，由于“文化大革命”的影响而中断。直到改革开放才引进西方思想，开始学科重建，在这一过程中布迪厄社会理论研究也取得了进展。其中从2004年“中法文化节”之后布迪厄著作的中文译本迅速涌现。随着布迪厄社会实践理论在中国的传播，国内学界刮起一股“场域研究热”，社会学、教育学、文学、体育学等多种学科对场域理论进行学理阐释与应用研究。

3. 对布迪厄社会实践理论的解读和构建

高宣扬的《布迪厄的社会理论》[②]《当代法国思想五十年》[③]较为全面地介绍了布迪厄的社会实践理论；宫留记的《布迪厄的社会实践理论》[④]详细整理和挖掘出布迪厄的社会学实践理论，从哲学角度研究布迪厄社会实践理论，为我国学术界填补了空白。然而布迪厄理论作为西方资本主义文化语境下产生的，用在中国社会主义语境下，批判和修正是在所难免的，学者陆小聪的《体育实践空间的社会学研究》[⑤]以布迪厄的社会实践理论为基础，提出我国体育实践空间研究的理论假设和分析框架。

（二）社会实践理论的应用研究

对布迪厄社会实践理论运用的理论研究主要有教育与社会分层和不平等的关系、中国社会结构和行动的关系。马维娜将布迪厄的场域理论具体运用于学校场域，比较全面地分析了学校场域内的各要素，并最终指向反思社会学与实践理论。[⑥] 陈磊从场域

---

① 参见宫留记：《布迪厄的社会实践理论》，南京师范大学博士学位论文，2007年。

② 高宣扬：《布迪厄的社会理论》，同济大学出版社2004年版。

③ 高宣扬：《当代法国思想五十年》，中国人民大学出版社2005年版。

④ 宫留记：《布迪厄的社会实践理论》，南京师范大学博士学位论文，2007年。

⑤ 陆小聪：《体育实践空间的社会学研究》，《体育科学》2010年第8期。

⑥ 参见马维娜：《指向“改造性实践”的教育反思》，《教育研究》2002年第2期。

视角并结合研究生角色分析了学术场域内的失范原因及防范举措[①];王进把布迪厄的惯习理论运用到我国彝族社会结构和毕摩自身的历史境遇当中,探讨毕摩惯习的特征、内涵,从而为科学地看待彝族毕摩提供一种新视角。[②] 李倩尝试用惯习来分析老年人居住的整体环境对老年人体育活动参与的影响,老年人体育活动场域内部结构的改变影响了其体育参与的意愿和参与率,即影响个体体育活动惯习,而惯习的改变又影响老年人的意识。[③] 综上所述,在中国布迪厄社会实践理论作为实践的逻辑被用来解释社会各种现象和问题,其中也出现在体育领域里。

布迪厄本人的《体育社会学计划》通过引入场域论,对体育运动参与现象进行了研究,并作出了一定的导向性理解,为体育社会学研究奠定了基础。布迪厄的体育社会学思想创立的三大概念在体育领域的应用,并在后期的专家学者的发展下逐渐成形。[④] 在国内,侯迎锋对法国社会学家布迪厄与体育社会学之间的关系进行论述,试图还原其对体育社会学研究的图景。[⑤] 曹祖耀使用社会实践理论解释中国足球混乱不堪的成因。[⑥] 朱俊河等运用场域理论分析了体育解说员"个人资本"增长及其资本积累和惯习形塑

---

① 参见陈磊:《研究生学术失范的场域理论解析》,《高校教育管理》2014 年第 2 期。

② 参见王进:《彝族社会的毕摩场域——布迪厄理论在毕摩研究中的运用》,《毕节学院学报》2009 年第 1 期。

③ 参见李倩:《场域理论中惯习对老年人闲暇活动的影响——以 Q 市 M 老年公寓为例》,《现代妇女(下旬)》2014 年第 6 期。

④ 参见高强:《场域论与体育社会学研究》,《体育学刊》2010 年第 1 期。

⑤ 参见侯迎锋:《对体育社会学理论的重新思考:布迪厄和体育社会学》,《体育科学》2015 年第 3 期。

⑥ 参见曹祖耀:《"何谓体育社会学"与"体育社会学何为"——布迪厄社会实践理论的运用与启示》,《体育学刊》2010 年第 19 期。

过程，阐述体育解说员资本积累的重要性及其惯习实践途径。[①]向勇等通过场域、惯习、资本分析弱势群体的资本短缺、社会层级区隔所带来趣味分野问题，并提到政府的功能在于调整这种区隔，给弱势群体应有的人文关怀。[②]

（三）文化资本理论的研究

由于文化资本理论的跨学科特征，使得不同领域内的学者对它的内涵和外延都有着不同的理解。1986 年在《资本的形式》中，布迪厄创立了“文化资本”理论，提出文化资本是通过教育传递的文化物品。关于“文化资本”的提出，主要是从资本概念内涵拓展的基础上发展起来的，布迪厄把资本划分成经济资本、社会资本（或社会关系资本）和文化资本三种形式。而文化资本理论正是非经济学观点的资本内涵的延伸。布迪厄的文化资本研究，借鉴了涂尔干的社会关系分类图式和社会客观分类、韦伯的经济学术语描述宗教、精神空间并受到马克思的政治经济学的影响，将“资本”概念广泛应用于文化分析。布迪厄借用了大量经济学术语和概念描述文化理论，是他将经济学概念成功地运用于文化研究的典型例子。[③] 布迪厄致力于揭示在阶层和社会成员之间的不平等关系并体现着社会资源的不平等分配。张怡以微观角度深入细腻地展示了权力支配的隐蔽机制，指出文化资本的不平等分配实际上是一种社会区分。[④]

---

① 参见朱俊河、肖焕禹：《体育解说员的场域介入资本》，《上海体育学院学报》2015 年第 1 期。

② 参见向勇、周西宽：《体育场域的型塑与弱势群体的体育境遇》，《体育文化导刊》2006 年第 1 期。

③ 参见朱伟珏：《“资本”的一种非经济学解读——布迪厄“文化资本”概念》，《社会科学》2005 年第 6 期。

④ 参见张怡：《文化资本》，《外国文学》2004 年第 4 期。

随着学者对文化资本理论研究的深入，文化资本逐渐融入到不同学科领域之中。在教育领域，徐继岭通过文献法、访谈法和案例研究法，从布迪厄对文化资本三种形态的界定出发，分析不同阶层家庭的文化资本对子女高等教育机会获得的影响。[①] 宋静认为，家庭文化资本对家长教育选择具有显著性影响，为家庭文化资本影响流动儿童家长教育选择提供了一个解释框架。[②] 王晓云认为，家庭文化资本在很大程度上影响着子女高等教育机会的获得。[③] 甄国玲用文化再生产理论分析了农村家庭文化资本对儿童受教育的影响，农村家庭幼儿教育意识的淡漠、农村幼儿教育的薄弱加剧了农村儿童文化资本的缺乏，而学校教育强化了农村儿童不利的文化地位。[④] 在体育领域，翟光勇等尝试从文化资本视角思考中国足球发展的深层次原因[⑤]，范运祥等立足于布迪厄文化资本的解释力，对体育教师的文化资本进行构建，主要包括促进体育教师自我发展、完成学校体育教学任务等[⑥]。

（四）社会资本理论

目前，社会资本的研究与应用主要集中在以下领域：经济与

① 参见徐继岭：《文化资本对高等教育机会获得影响的研究》，西南大学博士学位论文，2010 年。

② 参见宋静：《家庭文化资本对流动幼儿家长教育选择的影响》，广州大学硕士学位论文，2013 年。

③ 参见王晓云：《中国家庭文化资本与子女高等教育机会获得的实证研究》，《中国高等教育评估》2013 年第 4 期。

④ 参见甄国玲：《我国农村的家庭文化资本对儿童受教育状况的影响》，上海师范大学博士学位论文，2007 年。

⑤ 参见翟光勇、李天珍：《惯习与场域：中国足球困局的文化社会学思考》，《成都体育学院学报》2014 年第 11 期。

⑥ 参见范运祥、杜志远、马卫平：《体育教师文化资本的作用及其建构——布迪厄文化资本理论的启示》，《北京体育大学学报》2014 年第 6 期。

社会发展、社会转型与社会分层、劳动就业、企业发展、教育与家庭等。例如，在教育与家庭上，在传统社会中儿童的成长过程会受到家庭和邻里人的关注，这些构成了儿童成长的社会资本。但随着现代社会结构的变化，父母工作压力不断增加，邻里人际关系逐渐淡漠，儿童所获得的社会资本越来越少，不利于他们的成长。许多学者也对这一领域进行了研究，父母对子女关心程度的高低在很大程度上决定着孩子们学业成绩的高低和在学校里表现的好坏，社会资本在人力资本的形成过程中发挥着不可替代的作用。

第三节　研究对象与方法

一、研究对象

本书将以体育教练员核心竞争力的构成及培育情况为研究对象。

二、研究方法

（一）文献分析法

文献资料所涉及的领域包括经济学、社会学、管理学、体育学等，收集与本研究相关的期刊论文、学位论文、新闻资料、文件等，为本书提供理论支持和指导。本书以“核心竞争力”“教练员”等关键词查阅期刊文献达到400余篇，形成读书笔记5万余字，查阅相关论著近50部。

(二)访谈法

本书采取个别访谈和小型座谈会的方法对管理学、体育学、体育行政管理部门人员、教练员等人员进行访谈，收集被访者对本课题有关理论和实践问题的看法，确保研究的可行性、科学性和严谨性。

(三)逻辑分析法

在阅读文献的基础上，通过理论抽象，提炼出研究的核心概念，采用演绎的方法对计划经济下“条块”分割的组织关系向网络化组织关系转变等问题进行分析。对获得的不同数据和资料进行归纳分析，并使之上升到一定的理论高度。

(四)案例分析

为了深入分析教练员核心竞争力构成、培育，本书搜集有关个案资料，进行综合分析，提炼观点。

第二章　理论基础

第一节　核心竞争力理论

“核心竞争力”(the core competency)是美国学者普拉哈拉德和英国学者哈默尔于 1994 年在《哈佛商业评论》上发表的一篇题为《企业核心竞争力》的论文中率先提出来的管理学概念。普拉哈拉德和哈默尔认为，核心竞争力是“组织内部的积累性学识，特别是关于如何协调多种生产技能和整合多种技术的学识”。核心竞争力是工作中跨越政治边界的沟通、协同与共识，它不会因为使用而衰退，相反，越使用越分享就越能够增值。哈默尔还提出了识别和检验核心竞争力的三种方法：一是核心竞争力能够为组织进入多个市场提供方便；二是核心竞争力应当对最终产品为客户带来的可感知价值有重大贡献；三是核心竞争力应当是竞争对手难以模仿的。[①] 如果核心竞争力是各项技术和生产技能复杂的融合，那么这项能力就难以被竞争对手模仿。竞争对手或许能够获得核心竞争力中的几种技术，但是要复制其内部协调与学习的整体模式却非常困难。

---

① Gary Hamel, “The Concept of Core Competence,”The Strategic Management Society, 1994, pp. 11-37.

一、载体是组织整体

核心竞争力并不位于组织中的某一个地方，不是组织的某个业务部门或某个行业领域，而是存在于组织不同的研究、设计、生产以及市场营销等部门，它是由组织的一系列包括人力资本、核心技术、营销网络、管理能力、研究开发能力、组织声誉、组织文化等特殊资源整合而成的占领市场、获得长期利润的能力。

二、难以复制和模仿

核心竞争力是特定组织个性化发展的产物，是组织在长期的生产经营过程中通过组织学习和信息共享而缓慢积累形成的。它是组织人员不断学习、共享和运用知识，不断创新而形成的整合的知识和技能，深深地打上了组织的特殊烙印，存在于组织特殊的机制和相关环境条件下。对于竞争对手而言，他者的核心竞争力既无法完全模仿，更无法完全交易。

三、为组织提供进入不同市场的潜力

核心竞争力不仅是组织在本行业、本领域获得明显竞争优势的保障，还能为组织提供进入多个市场的潜在途径。它的积极运用是组织开辟新领域、不断创造新的利润增长点的有效战略，也是组织建立新的主导产业、实现战略重心转移、寻求不断发展的重要手段。核心竞争力是一种“通用”的能力专长，它可以提供进入多个市场的潜在途径，使组织“一举多得”。

四、长期逐步形成，需不断培育和提升

核心竞争力是在发展过程中逐步积累形成的，是通过一系列的连续提高和强化过程来构建的，这一过程可能跨越相当长的时间。但组织建立了核心竞争力并不保证永远不被竞争对手模仿或超过，要想保持其领先优势必须对核心竞争力持续不断地进行创新、发展和培育，以维持或扩大核心竞争力与竞争对手之间的领先距离；否则，竞争优势会逐渐地变小，最终将被竞争对手赶上或超过。

第二节　社会实践理论

皮埃尔·布迪厄是当代法国著名的社会学家、哲学家，社会实践理论是其哲学思想的主要体现，并且该理论零星散落在《实践理论纲要》和《实践的逻辑》两本书中。布迪厄从社会学角度提出了场域、资本和惯习等区别于传统社会学的分析单位或概念，使其形成一个能够在一定抽象层次上理解和解释社会现实的工具。场域、惯习、资本及其三者之间的关系是社会实践理论的核心主题，亦是社会实践理论的主要内容，也即围绕行动者实践空间、实践逻辑、实践工具等相互联系的社会实践观上的基本问题而展开，它们相互联系，不可分割，成为一个有机体。

布迪厄把场域和惯习作为社会学分析的基本单位，以个体、群体、组织和社区等人、事、物当成载体，用关系性的思维逻辑连接了场域、惯习以及其载体，摆脱了自笛卡儿以来的二元论哲学，所以布迪厄的社会实践理论具有超越性，超越了以往社会学研究中最关键的障碍——客观主义和主观主义两个截然相反的理论立场之间的对立矛盾，布迪厄的社会实践理论强调了场域要素的关系，

“场域”“惯习”和“资本”三者紧密地联系在一起，它们不可分割，各有侧重地向我们展示社会结构（场域）和心智结构（惯习）的对应，突显文化资本隐蔽的符号权力使社会行动者认可社会等级结构和资本的不平等分布的“幻象”[①]，用场域、资本和惯习以及三者的关系创造性地回答了行动者在哪里实践、用什么实践以及如何实践的问题。用反思性和批判性的思维揭露、解蔽社会的不平等现象。

一、场域

1966 年，布迪厄在《论知识分子场及其创造性规划》中开始使用“场域”这一术语，在 1972 年的《时间理论大纲》中，它还处在可有可无的边缘地位，但到 1980 年的《实践感》中“场域”成为核心感念，布迪厄认为“场域才是首要的，必须作为研究操作的焦点”[②]。

作为后来居上的统领性概念，“场域”是布迪厄从事社会研究的基本分析单位，在法语中称为“champ”，在英语中叫作“field”。受物理学中磁场论的启发，布迪厄也考虑过借用“场”这个概念，但最终没有选择其来表述，是因为面对现代社会高度分化的客观事实，与“场”相比，“场域”更能表达“域”的含义，也就是界限问题；为了避免偏离一直以来的用法，布迪厄选择“场域”这个概念丰富了“场”的原有内涵。

布迪厄指出：“统治当今经济科学的、有许多组成部分的、多种多样的潮流本身，就是一个高速分化的场。”[③]他认为社会是空泛

---

① Loic Wacquant, Pierre Bourdieu, *Key Contemporary Thinker*, New York: Macmillan, 1998.

② P. Bourdieu, L. Wacquant, *An Invitation to Reflexive Sociology*, Chicago: The University of Chicago Press, 1992, p. 107.

③ ［法］布尔迪厄：《文化资本与社会炼金术——布尔迪厄访谈录》，包亚明译，上海人民出版社 1997 年版，第 165 页。

的、分化了的,并不是一个由各种系统功能、一套共享的文化、纵横交错的冲突或者一个君临四方的权威整合在一起的浑然一体的总体,而是一个个具有相对自主性的“游戏”领域。因而他将社会化约为不同场域和社会空间。① 在高度分化的社会里,世界是由大量具有相对自主性的小世界构成的,这些小世界就是具有自身逻辑和必然性的客观关系的空间,构成社会的不同场域,如经济场域、政治场域、权力场域、体育场域和学术场域等。

“场域”是一个空间概念,是行动者的实践空间,具有相对自主性,但它并不是孤立于社会之中,而是具有开放性。至于它是否有边界的问题,“是一个非常难以回答的问题”,在理论上讲,场域是有边界的,“场域的界限位于场域效果停止作用的地方”。② 形象地说,院子围着的围墙是疆界;父母吩咐孩子不能离家外出,父母的吩咐也成了疆界;加入一个社会组织须有一定的资格,资格即是一种疆界。③ 如何确认疆界在哪里呢?需要在实践调查中,与经验性的研究相配套,这也是为何布迪厄从哲学家“下降”为社会学家,为什么他对早期人类学、民族学田野调查情有独钟的原因。布迪厄认为:“场域”不是一个地理空间,而是一种社会空间,代替了传统实践观中的“客体”或“场所”概念。由于“空间”概念本身包含着一种对社会世界进行关系性理解的原则,源于关系性的思维方式,它与马克思实践哲学中的“实践空间”概念相一致,避免了实体论倾向,所以这种空间是无形的。正如布迪厄把黑格尔的“现实的就是合理的”改为“现实就是关系的”,这种关系不是个体和个体的

① 参见郑乐平:《超越现代主义和后现代主义——论新的社会理论空间之建构》,上海教育出版社 2003 年版,第 99 页。

② [法]布迪厄、[美]华康德:《实践与反思——反思社会学引论》,李猛、李康译,中央编译出版社 1998 年版,第 137 页。

③ 参见高觉敷主编:《西方近代心理学史》,人民教育出版社 1982 年版,第 361 页。

关系，而是各种马克思所谓的“独立于意识和个人意志”而存在的客观关系。用布迪厄的话来说就是，“我将一个场域定义为位置间客观关系的网络或一个形构，这些位置是经过客观限定的”①。可以看出场域是一个客观关系构成的系统，这种关系不以人的意志改变而改变。

作为研究社会现象的理论工具，“场域”概念须用关系的思维去理解、运用它，不能把它孤立地看待，否则就失去了意义。这也是布迪厄所持的开放性态度所形成的开放性概念，同时也是为了避免陷入二元对立的死胡同。布迪厄认为：“场域是由不同的位置之间的客观关系构成的一个网络，或一个构造，这些位置的界定还取决于这些位置与其他位置之间的客观关系。”②行动者在充满力量和斗争的场域中相互冲突，不同位置的行动者使用不同的手段和策略维护或争取不同的目的。

“社会科学的真正对象并非个体”③，布迪厄把个体或群体化为场域中的位置。在场域中，行动者占据着不同的位置，“我掌握的观点的方式，就是把观点跟他们在行动者之结构中所占据的位置联系起来”④。正所谓“横看成岭侧成峰，远近高低各不同”，不同的位置有不同的观点，不同的观点反映了不同的位置感。布迪厄常把场域比作游戏，作为“玩家”（行动者）一生中都在“游戏”（场域）中玩，这两者具有相似性，因为场域和游戏都是对“幻惑或利

---

① L. D. Wacquant, "Towards a Reflexive Sociology: A Workshop with Pierre Bourdieu," *Sociological Theory*, Vol. 7, 1989.

② ［法］布尔迪厄：《文化资本与社会炼金术——布尔迪厄访谈录》，包亚明译，上海人民出版社 1997 年版，第 142 页。

③ ［法］布迪厄、［美］华康德：《实践与反思——反思社会学引论》，李猛、李康译，中央编译出版社 1998 年版，第 145 页。

④ ［法］布迪厄：《社会空间与象征权力》，苏国勋、刘小枫主编：《社会理论的政治分化》，上海三联书店 2005 年版，第 292 页。

益”进行斗争，所以场域是一个充满斗争的意义空间，场域的边界是斗争的关键，可以看出场域是动态的。布迪厄用游戏的概念隐喻社会场域及其斗争，暗示了争夺对象的不确定性。虽然在场域内充满对抗，但是他们遵循着一定的规则。布迪厄指出，一个场域运作，必须首先存在赌注游戏以及准备参与这场游戏的人们，他们必须具备理解和承认这些内在的赌注游戏规则的惯习。这里的生存心态就是惯习，所谓的利益、行动者维护或争夺的对象叫“资本”。

二、资本

英国古典经济学家诺思第一次明确提出“资本”的概念，首次将资本与货币分划分开来分析，认为资本是能够达到增值目的的货币。“资本概念是现代经济学的核心概念，资本表面上是物，但是根本上体现着一定的社会关系，进一步体现为观念、意识和剥削本质。”①马克思和布迪厄都把资本看成打开现代社会大门的钥匙，但是他们使用这把钥匙的方法是有所差异的。马克思认为：“黑人就是黑人。只有在一定的关系下，他才能成为奴隶。纺织机是纺棉花的机器。只有在一定的关系下，它才成为资本。”②因此，“资本不是物，而是一定的、社会的、属于一定历史形态的生产关系，它本质在一个物上，并赋予这个物以特有的社会性质”③。马克思用资本揭示了资本家剥削工人的秘密：资本家拥有权力的原因在于拥有资本。

① 赵苍丽、余达淮：《资本的伦理内涵、结构与逻辑》，《道德与文明》2014 年第 6 期。

② 《马克思恩格斯选集》第 1 卷，人民出版社 1995 年版，第 362 页。

③ 《马克思恩格斯全集》第 25 卷，人民出版社 1975 年版，第 920 页。

马克思的资本更多的是指一种社会关系的资本。马克思时代对资本的定义仅限于宏观，即经济范畴和阶级解释，现代西方学者称之为“古典资本理论”。随着社会的发展，学者们（如布迪厄、吉登斯等）首先从微观上对资本的内涵和外延予以进一步深化。其次，布迪厄引用马克思政治经济学的概念，既是其继承者，又是其发展者，通过用资本概念代替马克思的实践工具概念，把资本应用到符号和非物质领域。拥有不同资本的行动者所表现出来的行动逻辑也不一样，正因为这样，布迪厄把马克思所谓的资本对象资本家转向劳动者，认为劳动者能够获得和保持自己劳动的一些剩余价值。

场域是一个积累的世界，积累的是资本，而资本是由劳动实践积累的，能够以具体的或劳动的形式占有社会资源，如进行文化实践就会形成文化资本。资本是一种镶嵌在社会结构当中的力量，也是一种强调社会内在规律的原则，正是这一点使得社会博弈区别于简单的碰运气。① 把场域当作游戏前面已经提过，布迪厄把资本定义为一种镶嵌在客体或主体的结构当中的力量，与转盘赌博世界区别开来，因为资本是一个具有连贯性、积累性的世界，行动者具有继承权。当然，继承的形式有很多，固定资产也不全是经济学意义上的资产，这种表达只是布迪厄为了挑战法国结构主义者对行动者和实践的排斥而采用经济化策略的语言所致，但同时也增加了读者的理解难度。布迪厄使用的“资本”概念，在意义上接近于“权力”，相当于物理学中的能量，正好和场相联系，是一种被铭刻在事物客观性之中的力量，可以通过不同的形式积累。

布迪厄把资本划分为经济资本、社会资本和文化资本三种形式，它们之间的转换难易程度也是悬殊的，如经济资本可以直接转

---

① 参见[法]布迪厄:《资本的形式》，薛晓源、曹荣湘主编:《全球化与文化资本》，社会科学文献出版社 2005 年版，第 3 页。

化为货币，也可以制度化为产权形式，这是一般经济学谈论得最多的资本类型。在场域中，资本是一个最重要的结构性因素，资本的不同类型的可转换型，构成了行动者策略的基础，为了保证资本在场域中不同位置的再生产，当然在转换的过程中遵循代价最小的原则。

资本分为不同的类型，布迪厄认为不同的资本类型都具有可传递性。比如，经济资本是资本的最有效形式，表现了资本主义特性，这种资本本身就可以用普通的、匿名的适合各种用途的、可转换成金钱的形式，从一代人传递给下一代人。[①] 由于不同的资本在传递的时候，遵循损失率与隐蔽程度的反比例关系，因此资本的拥有者更感兴趣的是，采用那些传递性伪装得更好的再生产策略。

其他资本类型都是以经济资本为基础，资本之间的转换和传递都遵循着经济学中的资本运作逻辑，但是布迪厄反对将其他类型的资本化约成经济资本，因为其他类型的资本有其独特的运作逻辑。行动者如何去运作、采用什么策略，不仅仅要考虑行动者在场域中所拥有资本数量、质量等分布结构情况，还要考虑行动者的行动逻辑，即惯习。

三、惯习

“惯习”是布迪厄社会实践理论的主要概念之一，布迪厄用其来解释行动者的利益或诉求的实践是如何被唤起的。布迪厄通过总结前人的研究提出“惯习”这个概念，他在《单身和农民状况》中写道：“贝亚恩农民固有的运动习惯能显现粗俗的农民，即使走在

---

① 参见[法]布迪厄：《实践感》，蒹梓骅译，译林出版社 2012 年版，第 79 页。

沥青路上也像走在高低不平的泥泞土路上。”[①]在这里惯习的载体除了指行走习惯和身体状态，还包括语言、口音、言谈举止、饮食习惯、生活起居的日常方式等，无论怎样掩饰，都无法彻底抹去个体最初的社会文化身份。“习性是习性赖以产生的全部过去的有效在场。”[②]这里所指的“全部过去”包括了社会条件、个人历史与家庭经验。因此，布迪厄鼓励社会学者把历史放入他们的研究当中，认为过去和现在的对立是没有道理的。他在《死神掌握着生人》一文指出，历史有两种存在方式，即客观的状态（在机器、纪念碑、书本、理论里）及内化的状态（以倾向的形式存在），历史是以习性的方式存在于我们身上。布迪厄在此处与布罗代尔不谋而合，后者认为，我们生命的99%是活在过去。[③] 惯习不仅是个人的，也是社会的，尤其社会的历史通过“形式化—制度化—法典化”的演化去强化，又反过来强化着个人的惯习。惯习揭示的是社会行动者既不是受外部因素决定的，像磁场中的物质粒子被外力推来扯去，也不是只受内在理性引导，遵照完美理性活动的微小单子。以上用磁场中的物质粒子说明“习惯”和“惯习”之间的差异，习惯就像物理学磁场中的物质粒子一样重复、机械地运动；而惯习可以进行“自我活动”，也就是可以进行个人的自我总结与反思，从而采取不同的策略来改变自己。

“惯习”[④]在国内文献中一般被翻译作“生存心态”“习性”，作为布迪厄的主要概念工具之一，它是一整套性情系统，既具有稳定

① ［法］布迪厄：《单身者舞会：贝加恩农村社会的危机》，姜志辉译，上海译文出版社2009年版，第91页。

② ［法］布迪厄：《实践感》，蒋梓骅译，译林出版社2012年版，第79页。

③ 参见张意：《文化与符号权力》，中国社会科学出版社2005年版，第26页。

④ 法语“Habitus”在中文中有三种译法，包亚明把它译为“习性”，高宣扬把它译为“生存心态”，李猛、李康等大多数学者则把它译为“惯习”，上述译法虽然文字不一样，但表示的意思基本一致，本书采用的是最通常的译法。

性，又会发生变化；作为主观性社会结构，既是外部条件的内在化，又是驱动个体行动的建构性结构，它往往是在无意识层面上对我们进行引导。[①] 惯习具有持久性，但不是永恒的，它集中表现了布迪厄“建构的结构主义”或“结构的建构主义”的理论特征。由于汉语上的原因把布迪厄所说的“habitus”翻译成“习惯”“习性”“秉性”，曲解了布迪厄的原意，“惯习”和“习惯”都有生存活动中所获得的经验性因素，然而布迪厄更看重它们的区别，惯习不仅仅停留在习惯的惰性层面上，更表达了它的动态性，行动者的能动性；不仅仅对历史原有的痕迹进行重复，更是对历史原有的痕迹进行适当的更改。这种双重结构也打破了长久以来的二元对立。针对惯习概念受到很多学者的批评，布迪厄反驳道：“惯习的作用并非有些人理解的那样。作为历史的产物，开放性的习性体系总是受个人经历支配的，因此，在某种程度上也总是受到这些经历的影响。(个人经历)要么强化它的作用，要么修改它的结构。”[②]它具有持久性而不具有永恒性。除了特定的社会轨迹的作用，惯习还可以通过个体的总结反思进行“自我活动”使得个体形成自己的倾向。[③] 布迪厄“惯习”概念，能更好地理解社会世界。布迪厄在解释不明确情景中的行为时，认为“惯习”概念最具有解释力，“惯习”概念既是主观的又是客观的，克服了唯物论和唯心论的对立，比理性行为理论更好地解释了实践的真实逻辑。

---

① 参见朱国华：《习性与资本：略论布迪厄的主要概念工具》(上)，《东南大学学报(哲学社会科学版)》2004 年第 1 期。

② [法]布迪厄、[美]华康德：《实践与反思——反思社会学导引》，李猛、李康译，中央编译出版社 1998 年版，第 185 页。

③ P. Bourdieu and L. Wacquant, *An Invitation to Reflexive Sociogy*, Chicago : Chicago University Press, 1922, p. 133.

第三章　教练员核心竞争力基本理论

第一节　教练员核心竞争力解读

一、核心概念界定

（一）竞争

竞争是指一种发生在个人（或团体、国家）间的争胜行为，或是个人或群体的各方力求胜过对方的对抗性行为。竞争既存在于自然界，亦存在于人类社会的政治、经济、军事、文化、教育等领域。竞争的本质是优胜劣汰，既是一种激励机制，也是一种淘汰机制。竞争具有积极意义，通过竞争可以带动经济社会的快速发展，促进文明秩序的形成和社会进步，有利于造就、发现、择优使用人才等。竞争可分为个体间竞争与群体间竞争，或者正式竞争与非正式竞争。

任何竞争行为都存在三个要素：一是竞争的主体，指的是谁和谁进行竞争；二是竞争的对象，指的是竞争什么；三是竞争的结果，指的是最后如何分配利益。另外，竞争一般具有以下特点：一是它必须是人们对于一个相同目标的追求，目标不同就不会形成竞争。二是这个追求的目标必须是较少的和比较难得的，对于数量很多、轻而易举即可得到的目标的追求，不能构成竞争。三是竞争的目标主要在于获取目标，而不是反对其他竞争者。竞争虽然是人与人之间的一种相互排斥或相互反对的关系，但它是一种间接的反对关系，而不是直接的反对关系。四是竞争按照一定的社会规范进行。

(二)能力和竞争力

"capabilities"(能力)源于"capable"，指的是主体所具有的完成某项任务的本领。心理学意义上的能力指的是顺利完成某一项活动所必备的心理条件，可分为一般能力(即智力)、特殊能力，或分为现实能力、潜在能力。"竞争力"(competence)一词有"胜任"的意思，含有比较的意味。美国竞争力委员会主席乔治·M. C. 菲什认为，竞争力是指企业具有比竞争对手更强的获取、创造、应用知识的能力，它是在竞争过程中表现出来的制胜能力，因此竞争力一定伴随着竞争结果而出现。但是，能力与竞争力又相互联系。竞争力是能力的一种，具有指向性、目的性，并能在现实中发挥作用。这种能力可以满足竞争需求，并获得竞争优势。对于个体而言，能力是人在某领域生存发展的前提和基础，是必要条件；而竞争力则是人在竞争舞台上脱颖而出、获得竞争优势的关键，是充分条件；能力是竞争力的基础，竞争力是能力的表现。

(三)竞争优势和持续竞争优势

"竞争优势"(competitive advantage)的概念来源于英国经济学家张伯伦(E. Chamberlin)在1939年出版的著作《垄断竞争理论》。此后，霍弗(C. W. Hofer)和申德尔(Schendel)将"竞争优势"的概念引入到战略管理领域。但是，真正对"竞争优势"这一概念进行全面分析的是迈克尔·波特。迈克尔·波特在《竞争优势》一书中指出："竞争优势归根结底来源于企业为客户创造的超过其成本的价值。价值是客户愿意支付的价钱，而超额价值产生于以低于对手的价格提供同等的效益，或者所提供的独特的效益补偿高价而有余。"[①]波特在《国家竞争优势》一书中把竞争优势归纳为六个方面，即价格优势、质量与品种优势、技术优势、进入障碍优势、人力资源优势和组织优势，而这六种优势又可归结为低成本竞争优势和差异型竞争优势。[②]

（四）核心竞争力和一般竞争力

根据不同的标准，竞争力可分为不同的类型。根据竞争力的表现形式可分为显性竞争力和隐性竞争力，根据竞争力的归属可分为个人竞争力、团队竞争力、组织竞争力和国家竞争力，根据竞争力的地位可分为一般竞争力和核心竞争力。核心即中心、关键，起主导作用的意思。对个体而言，在其竞争过程中发挥主导作用的竞争力就是核心竞争力，它是一种能长期发挥作用的竞争力。一般情况下，竞争双方或多方都可能具备一般竞争力，也可以在短期内模仿或习得一般竞争力，但核心竞争力不易模仿和复制。因此，核心竞争力是一般竞争力的有机整合，是处于中心地位、影响全局的竞争力，在个体发展或竞争地位争夺中起到关键作用。

（五）教练员的核心竞争力

本书认为，教练员的核心竞争力是教练员以知识、资源、技能和责任担当等为基础，在长期的运动训练实践过程中经过整合、内

---

① [美]迈克尔·波特：《竞争优势》，陈小怡译，华夏出版社 1997 年版，第 2 页。

② 参见[美]迈克尔·波特：《国家竞争优势》，李明轩等译，华夏出版社 2002 年版，第 36 页。

化、积累而形成的，能在运动项目领域内保持持续竞争优势的能力。教练员核心竞争力是教练员融合自身及其组织内外各种知识、资源和技能的能力。从资本的角度看，知识（譬如专业理论知识、经验知识）、资源（譬如社会关系等）和技能都属于教练员的资本，都是形成教练员核心竞争力的重要条件，对教练员核心竞争力的生成、培育和更新至关重要。

二、教练员核心竞争力的特征

（一）独特性

独特性即其他教练员所没有的或很难企及的，这种独特性是教练员在长期的运动训练竞赛过程中积累、沉淀的结果。教练员的核心竞争力形成过程与教练员专业训练、执教过程有着密切关系，是教练员在长期的训练实践中对自己专业训练与执教中的经历、经验、知识、理念等方面的积累与沉淀。因此，由于教练员运动训练实践所处或所经历的社会环境、训练环境、项目管理体制等的不同，其形成的核心竞争力也具有较大差别，一旦形成就具有鲜明的个性，并且其他教练员很难模仿。

（二）整合性

教练员的核心竞争力并非来源于一种因素，而是多因素的综合结果。教练员在长期的运动训练过程中势必要经历选材、训练、管理、竞赛等多个环节，由此形成了上述环节的知识、技术和技能等，并得以不断丰富和创新，而这些知识、技术、技能等经过长期的相互协调、融合，并内化为教练员个体内部整体的能力，实现了各种单一、分散知识、技能等所不具备的“1＋1＞2”的效果。

(三)延展性

普拉哈拉德和哈默尔所提出的判断核心竞争力的标准之一就是“核心竞争力能够提供进入相关潜在市场的机会”,这也就是所谓的核心竞争力的延展性特点。优秀教练员的核心竞争力的影响不仅局限于教练员自身,而是能够将竞争优势辐射、扩散到项目团队其他教练员、同一运动项目的其他教练员乃至其他体育项目的教练员,能促进竞争主体的发展与竞争力的提升。“金牌教练员”成功的训练管理经验经过传播可以被其他教练员所学习,这也是我国优秀教练员作为教师参与教练员岗位培训的主要原因所在,这恰是优秀教练员核心竞争力延展性的具体体现。

(四)持久性

教练员核心竞争力是在长期的运动训练实践中发展形成的,体现了形成过程的持久性。同时,核心竞争力一旦形成,就会产生长期的竞争优势,实现强者越强的“马太效应”,实现了教练员的可持续性发展。教练员所具有的知识结构、选材经验、训练理念、竞赛方法、学习能力、创新思维等都是成为教练员核心竞争力的基础。

(五)动态性

教练员的核心竞争力具有持久性但并非是一成不变的能力,而是一种发展变化的、不断创新的能力。这种动态性产生的原因源于当今运动训练理论的快速发展以及新技术、新成果在竞技体育领域的应用等方面。另外,竞技体育项目管理体制、社会环境等方面的变化也是引起教练员核心竞争力动态性表现的主要原因。

第二节　教练员核心竞争力的功能

一、提升教练员的竞争位势

20 世纪 80 年代初，迈克尔 • 波特(Michael E. Porter)的竞争战略理论成为战略管理的主流，该理论的核心是五种竞争力量模型，即企业竞争者、购买者、供应商、替代者、潜在竞争者五种产业结构力量。该理论认为，公司制定战略与其所处的外部环境(即市场)是高度相关的，并且最关键的环境因素是企业所处的产业。产业的结构影响着竞争的规则，五种竞争力量模型的综合作用随产业的不同而不同，其结果是使不同产业或同一产业在不同发展阶段具有不同的利润水平，进而影响着公司战略的制定。因此，企业战略分析的基本单位是行业、企业和产品，关键点是通过对五种竞争力量的分析，确定企业在产业中的合理位势。产业的吸引力和企业在市场中获得的位势就成了竞争优势的来源。

波特的竞争战略理论对教练员核心竞争力有着积极参考价值。位势，即地位与权力。教练员的竞争位势是指每个教练员在同一运动项目中所处于的地位和所具有的权力。无论是每个省市的同一支教练员队伍，还是国内整个项目的教练员队伍，或者不同层级或同一层级教练员往往存在竞争关系，并且存在多个竞争者，每一位教练员都会处于不同位置之上。同时，运动队的层次越高(如国家队)，教练员进入该场域的竞争就更加激烈。教练员在其运动项目场域中所处的位置不同，所拥有的资本往往具有巨大差异，教练员所具有的核心竞争力也会有很大差别，位置越高竞争力往往越强，影响力越大。可以说，通过教练员核心竞争力的培育可以极大提升教练员在国内同项教练员中的位置或地位，极大地促进教练员在项目领域中的话语权。

二、有助于教练员形成执教特色

特色，指一个事物或一种事物显著区别于其他事物的风格、特点，是由事物赖以产生和发展的特定的具体的环境因素所决定的，是其所属事物独有的。优秀体操教练员的执教特色则是在长期的运动训练实践中，逐渐形成的比较持久的训练管理风格，这是教练员执教的优势所在。实际上，国内外优秀教练员往往具有自己独特的执教特色，譬如蔡振华素有“价值型教练”之称、周继红素有铁腕的“愿景型教练”之称，这也是这些教练员长期具有项目优势的关键所在。但是，并非所有的内容都可以构成教练员的执教特色，要想成为其执教特色须具有以下特性：独特性、稳定性和发展性。教练员的执教特色主要由执教理念、专业精神、知识结构和能力所构成。[①] 教练员执教特色恰恰和核心竞争力非常相似，有着共同的特点，教练员核心竞争力的培育和成长过程也是其执教特色形成的过程。

三、适应国内外体育发展环境的变化

当今体育项目发展环境处于不断发展变化之中，主要表现为竞赛规程、评分规则与技术的变化等方面。竞赛规程是制约比赛的准则，评分规则是评定比赛结果的量尺，同时又是技术发展的前导，每一次规程和规则的变化，都会给技术、项目管理的发展带来很大的影响。譬如，多年来，中国体操项目保持优势与教练员在每一个奥运会周期中适应或运用了每一次规程和规则的变化，充分

---

① 参见李宁：《我国教练员执教行为研究——基于“三大球”的实证分析》，北京体育大学博士学位论文，2011 年。

发挥了自己的优势有着密切关系。20 世纪 80 年代,针对我国运动员基本技术较扎实的特点,国家队教练员严抓规定动作质量和规格,以规定动作为敲门砖,打开了通向世界冠军的大门。90 年代,国家队根据国际体联取消规定动作的规定调整了训练的指导思想,全国上下狠抓难度提高起评分,使我国体操整体实力出现了大的飞跃。1998 年年初,根据国际体联关于赛制改变的信息,国家队及时、果断地进行了调整,提出"在保证有重点强项的基础上,带动全能的发展,确保团体优势,加强抓单项争夺金牌的力度"的总体方针。进入 21 世纪后,国际体联对竞赛规程和评分规则不断作出重大调整,尤其 2006 年打破以往评分规则,加剧了体操环境的变化。评分规则的不断改变,新技术、新连接、新动作的不断出现,新训练方法和手段不断更新,这些体操环境的不断变化,都对教练员提出新的、更高的要求。但是,核心竞争力强的教练员往往能在短时间内迅速适应环境变化,越能进行自我调节、提升能力,越能体现出一名优秀教练员的价值及其所具有的真正实力和优势。

第三节　教练员核心竞争力形成的内生条件

一、文化资本

(一)关于文化资本

在西方,"文化"和"土地"是紧密相关的,"culture"(文化)在辞源意义上是指在一块土地上耕耘的意思,文化本来就是人类的创造物,也是人类区别于其他动物的标志。因此,研究社会学离不开对于文化的研究。英国人类学家泰勒曾对"文化"下过如下定义:"文明或文化,就其广泛的民族学意义来讲,是一个复合整体,文化包括知识、信念、艺术、道德、习俗以及作为一个社会成员的人所习得的其他一切能力与习惯。”[①]法国社会学家皮埃尔·布迪厄从现代社会中身体隐没的视域提出了向文化回归的场域，场域中的文化资本作为资本之一，就像引力以引力波的形式存在，文化资本数量越多，对周围的时空产生扭曲越大，影响也越大。布迪厄认为，文化资本是行动者对文化资源的占有。可见，布迪厄眼中的文化资本是指“文化资源”。

布迪厄的“文化资本”概念最初提出是为了解释不同社会阶层出身的学生在学业上的差异，即“在学术市场中所能获得的特殊利润”以及不同阶层文化资本的分布状况，泛指与个人地位获得有关的文化资本，包括身体化文化资本、客观化文化资本、制度化文化资本三种存在状态，正是这种有形或无形的文化资本成为布迪厄社会学理论体系中极为重要，也最具争议的一个分析概念。[②] 按布迪厄的说法，“文化资本理论，最早是以一种理论假设提出，这种假设能够通过联系学术上的成功，来解释不同社会阶层的孩子取得不同学术成就的原因，即出身不同阶层和小团体间的孩子在学术场域中所能获得的特殊利润，是如何对应于阶级与阶层小团体间的文化资本的分布状况的”[③]。当时，研究者认为经济是社会阶层的体现，经济影响阶层的形成，而布迪厄通过对各社会阶层学生在学业上的研究，认为学校教育在影响着社会阶层分裂的同时，也影响着阶层流动，文化资本是阶层再生产的重要一环。“控制经济、社会的影响因素后，有较高文化教养的家庭的孩子，拥有较高学术成功率的同时，表现了与其他家庭出身的学生不同的消费和

---

① 高宣扬:《布迪厄的社会理论》,同济大学出版社 2004 年版,第 19 页。

② 参见朱伟珏:《超越社会决定论——布迪厄“文化资本”概念再考》,《南京社会科学》2006 年第 3 期。

③ [法]布尔迪厄:《文化资本与社会炼金术——布尔迪厄访谈录》,包亚明译,上海人民出版社 1997 年版,第 189～190 页。

文化类型。”①家庭经济资本的多少并不能真正解释家庭经济地位低的孩子获取高的优越的学术地位。

每一种资本类型下面还可以再进一步细分层次更低的资本，具体到文化资本，可分为以下三种形态：

1. 身体化的文化资本

身体化的文化资本，又称“具体化的文化资本”或“文化能力”，这种资本是最重要的，是其他两种形式的基础，其形成是需要花时间和精力积累，主要表现为个人通过文化、教育、修养等方式进行内化的过程。需要个人进行亲力亲为的劳动投资，就像健壮的体格和黝黑的皮肤不能通过他人的锻炼来获得一样。从经济学的投资角度来看，身体化文化资本的投资首先是时间的投入，其次社会建构性的利比多的投入，这种利比多式的投入意味着行动者需要忍受某种匮乏、痛苦和牺牲。身体化文化资本与惯习具有很大的相似度，是最难积累的财富。文化能力与特定的个体是紧密相连的，正如健康一样，不能通过赠予、买卖、抢掠等形式实现个体之间的传递。

2. 客观化的文化资本

客观化的文化资本，亦称“文化产品”，是以文化商品的形式(如书籍、电子产品、纪念品等)存在。在其物质性方面，客观化文化资本是可以传承的。例如，可以把文化资本一代代传承下去，这和经济资本的传承是一样的。不过，如果没有被继承人的具体投入过程，它可以传承的只是经济上合法的所有权，而被继承人无法对文化上进行真正的“消费”。

3. 制度化的文化资本

制度化文化资本指将个人掌握的知识与技能等身体化的文化资本以某种形式正式予以承认并通过授予合格者文凭和资格证书

① 高宣扬:《布迪厄的社会理论》,同济大学出版社 2004 年版,第 19 页。

等社会公认的方式将其制度化。它是一种将个人的身体化文化资本转换成集体的客观形态文化资本的方式。所以，体制形式的文化资本以中间状态介于具体化文化资本与客观形态文化资本之间。

（二）教练员的文化资本

基于布迪厄文化资本理论，在将教练员的文化资本划分为上述三种形态的基础上，可进一步划分，即身体化的文化资本（主要包括从事教练职业所具有的知识、理想信念等）、客观化文化资本（主要包括书籍、获取知识等所具有的基本工具或产品等）和制度化文化资本（主要包括学历、学位、运动员阶段的运动成绩以及"带训"队员的运动成绩等）。拥有文化资本的教练员可以通过运用这些资本来提升其相对于他人或他群的优势，从而更好地获取社会资源和提升社会地位。下面重点对教练员的知识、理想信念进行分析。

1. 专业知识

《辞海》将"知识"定义为："人类认识的成果或结晶，包括经验知识与理论知识。"教练员的专业知识也就是教练员从事教练职业所具有的知识，包括系统化的专业理论知识和实践知识（如教练员的专业训练、比赛经历以及执教中的积累性经验等）。专业知识是教练员所具有的核心竞争力的基础，具有扎实的专业知识是教练员是否符合其岗位要求的基本条件。教练员拥有的专业知识对取得有效成果的因果关系达到 0.586，路径关系十分显著，专业知识的储备能够有效帮助教练员走向成功。[①] 教练员学习和掌握知识并不是目的，而是为了让这些知识更好地与运动训练和比赛实践

---

① 参见阮如琼：《影响教练员成功执教素养的构成要素研究》，《福建体育科技》2016 年第 6 期。

相结合，把知识转化为教育、训练效益，不断提高或巩固自身的竞争力。

(1)专业理论知识

理论知识是“人们在实践中，借助一系列概念、判断、推理表达出来的关于事物的本质及其规律的知识体系”[①]。理论知识是一种不同群体或个体共享的知识，可以通过间接的方式，从书本、课程、讲座等途径获得。教练员的专业理论知识又可分为从事教练员职业所需要的通识性知识、专项理论知识，通识性知识又可以分为自然科学知识和社会科学知识等，这些知识多是通过系统、长时间学习而获得。

①自然科学知识

自然科学知识是从事教练员职业所具备的通识性知识。运动训练是为提高运动员的竞技能力和运动成绩，在教练员的指导下，有组织、有计划地进行体育活动，它是竞技体育的重要组成部分。运动训练所要面对或解决的任务则是提高运动员各器官系统的机能和发展运动素质，掌握和提高专项运动的技术、战术以及有关的理论知识，培养运动员独立进行训练的能力，进行道德和意志、品质教育等。运动训练的任务目标决定了教练员需要了解、掌握和运用多学科知识，必定会涉及诸如运动解剖学、运动生物力学、运动生物化学、运动生理学、运动医学、统计学和控制论等自然科学知识。

②社会科学知识

社会科学知识是教练员通识性知识的重要构成。社会科学是用科学的方法研究人类社会的种种现象的各学科总体或其中任一学科。社会科学所涵盖的学科包括经济学、政治学、法学、伦理学、

---

① 张立昌:《教师个人知识:内涵、特征以及其自我更新的构想》,《教育理论与实践》2002 年第 1 期。

历史学、社会学、教育学、管理学、人类学、民俗学、新闻学、传播学等，教练员不可能面面俱到地掌握所有社会科学中的知识，但是社会学、心理学、教育学和管理学中的有关知识则是需要教练员所掌握的。

③专项理论知识

专项理论知识主要包括专项基础理论、专项技战术知识、专项训练方法等，是解决在运动训练和比赛过程中遇到问题的基本工具。对专项理论基础的认真研究和全面探讨，可以使我们从根本上认识和了解专项的基本内涵，对专项技术战术知识的掌握可以使我们更全面、更深入地了解专项特点，认识专项的内部规律。对二者掌握程度的好坏将直接影响着运动员的运动成绩。其次，要有高而深的专项知识。对于一名优秀教练员来说，高而深的专项知识是知识结构的核心部分，是从事专项训练所必备的知识元素。高而深的专项知识包括熟悉项目发展规律、训练特点和规则，能够迅速获取与训练有关的各种信息，把握技术发展趋势和方向，不断掌握和更新训练理论和方法等，只有这样才能保证创新活动的顺利进行。

(2)实践知识

教练员的实践知识指教练员在日常的运动训练过程中通过吸纳、建构、反思等方式获得的，并运用于运动训练实践的知识。教练员的实践知识是一种日常生活性的知识类型，是在运动训练实践中不断建构和生成的，并能解决实际训练问题的知识。

①实践知识的功能

教练员的能力或竞争优势的高低，不仅取决于他们是否具有系统的专业理论知识(尤其是专项理论知识)，还在很大程度上取决于其训练经验(实践经验知识)。这种实践知识不仅影响着教练对运动训练理论知识的学习和运用，而且更直接、有力地支配着教练员的日常运动训练行为，决定着教练员训练水平与成效，也是教练员专业发展的重要组成部分。“金牌教练员”之所以成功不仅在于他们对所从事项目的训练、比赛理论有深刻的领悟，而且还在于他们对训练实践有着独到的见解。[①]

实践知识是教练员专业发展的基础，也是专业成长的有效路径。教练员专业发展最终体现于教练员个体的专业发展水平，并依赖于个体在其专业发展上的追求。教练员的专业发展更多的是强调教练员个人基于所掌握的理论知识等，在运动训练实践中对训练行为、运动训练过程等的整体感知、理解、把握和处理。在这一实践性活动中，对教练员产生影响的除了从书本、课程、讲座等途径获得的知识外，更多的是教练员在运动训练实践中经自身体验和学习而得到的实践知识。

②实践知识的来源

教练员实践知识主要来源于运动员时期和教练员时期。一方面，教练员在运动员时期的运动训练经历在很大程度上影响到其教练员时期的成长，教练员所具有的实践知识很大程度上也来源于运动员时期的经历，这也是构成优秀教练员核心竞争力的内生条件。相关研究表明，教练员曾经的运动训练经历尤其是具有高水平的运动训练等级对其成长具有非常重要的作用。具备相当水平的运动实践经历，可以帮助教练员深刻、准确地理解所从事项目训练的全过程，便于其预见和理解运动员在训练、比赛中的心理活动和行为表现。另一方面，运动员时期的经历也有利于教练员理解技术动作的结构，以及敏锐地捕捉各种训练比赛信息等。当然，现实中也不排除非运动员出身的教练员成为优秀教练员的情形，但这些优秀教练员多具有深厚的专业理论基础和体育相关学科知识，加之经过多年运动实践中的磨练，逐渐形成自己的核心竞争力

① 参见许登云、乔玉成:《我国10位成功教练员素质特征分析》,《成都体育学院学报》2010年第12期。

条件，从而取得了突出的成绩。

另外，教练员时期是教练员形成实践知识的关键时期，也是教练员将运动员时期和教练员时期形成的实践知识转化为训练效益的关键阶段。一名优秀教练员在从事教练员职业工作中，往往根据运动员特点、动作技术发展状况以及竞赛训练环境等要素，不断总结竞赛训练经验，形成实践知识。

③实践知识的特征

教练员实践知识主要表现为情景性、实践性、个体性、公共性、反思性等特征。

一是情景性。教练员实践知识直接面对实际的运动训练情景，解决运动训练实践中的问题与困难。教练员工作是以特定的情景——训练比赛地点、特定的训练内容、特定的训练周期或阶段以及特定的运动员个体为工作对象。运动员表现或运动员自身状况会随时发生改变，教练员要随时根据运动员的情况作出调整，甚至改变训练计划或训练方法与手段。教练员要及时应对诸如此类情景，必须从日常运动训练实践中总结反思自己的训练管理经验，以对训练中随时可能出现的问题或事件作出及时的、机智的反应和处理。

二是实践性。运动训练是一个复杂的、变化的动态过程，体现为以教练员、运动员为主体的实践性活动。在运动训练实践中，教练员首先要关注的是运动训练中各种情景(譬如动作技术的选择、运动员动作的失败等)的改善和实际问题的解决，并以解决实践性问题为目的。实践知识是教练员在运动训练的实践中形成、使用的知识，是一种行动的知识，具有实践性特点。

三是个体性。个体性是就教练员的实践知识产生过程而言，教练员的个体实践知识是一种属于教练员个人所拥有的知识，是个人运动训练经验的体现。教练员在长期运动训练中，通过对训练负荷的调控、运动员训练状态的调整等活动，不断生产出实践知识。

四是公共性。公共性体现在教练员实践知识的存在状态上。教练员的实践知识不仅可以促进教练员个体的专业发展，而且在宏观层次上可以促进运动专项领域所有教练员的专业发展，如同理论知识为教练员群体服务或使用一样。这才能体现出实践知识的价值功能，否则便失去了知识的本质意义。教练员有必要亦有责任分享个体的实践知识，这样教练员个体的实践知识才能被积累和传承。强调教练员实践知识的个体性与公共性相结合，实践知识的意义则更重要。

五是反思性。训练经验是教练员们在反复的成功与失败、学习与感悟中，在不断的对比、总结中获得的“真知”。而这种“真知”往往在课本里学不到，即使在课本里有所描述，但如果缺乏在实践中运用，则这些方法与手段是无法被验证与理解的。

2. 理想信念

“理想信念”是一个复合词，理想指所追求的奋斗目标，信念指在一定认识基础之上形成的对某种思想和理想坚信不疑并身体力行的精神状态。教练员的理想信念是教练员对教练员职业所持有的价值观、态度和思想。它通常作为一种“内隐的理论”支配着教练员的心理和运动训练行为。我国体育行政部门非常重视教练员的理想信念教育，根据国家意识形态以及时代发展背景，结合具体实践活动，推进优秀教练员理想信念教育。“以理想信念教育为核心，不断丰富和创新运动队思想政治工作内容”，“要把思想政治工作作为与技战术训练同样重要的环节，充分发挥思想政治工作优势，深入持久地开展国家队理想信念教育，引导运动员夯实献身体育事业的思想基础，自觉把运动场作为立身做人、实现理想的平台，把奥运赛场升国旗、奏国歌当成人生的奋斗目标”。[①]

有关研究表明，凡是成功的教练员都具有坚定的信念和远大崇高的抱负与理想，有一种在世界体坛称雄的“野心”。如以蔡振华为首的国家乒乓球队教练员班子始终怀揣为国争光、再创辉煌的坚定信念，把报效祖国，在世界乒坛称雄作为自己的崇高理想和人生追逐的目标。尽管有时处于低潮，面临世界范围的“对抗”，但他们始终信念坚定，意志顽强，遇挫不馁，愈挫愈勇。在困难面前，决不退缩，毫不动摇，在任何情况下都保持信心。而这种精神动力，正是来源于他们对事业的执着与追求的坚定信念，来源于他们远大的理想与抱负。此外，袁伟民教练所创导的女排拼搏精神，马俊仁教练强烈的事业心和“要让山里娃走向世界田坛”的坚定信念，黄玉斌教练对夺取奥运体操团体金牌的执着追求，李永波教练接管处于低潮时期的中国羽毛球队帅印时所制定的奋斗目标，许海峰教练做任何事情永不言败的豪情，孙海平教练十几年如一日对刘翔训练所付出的努力与艰辛，陈文斌教练发誓要让他未酬的壮志在弟子的身上得以实现的金牌梦想，无不体现了这些成功教练员的理想信念。

【案例】

国家队加强理想信念教育[②]

为深入学习人民军队光辉历史、光荣传统和优良作风，激发“维护核心跟党走，备战奥运扬国威”的信心和决心，2017 年 8 月 2 日，国家体育总局组织在京集训的国家体操队、蹦床队、跆拳道

---

① 国家体育总局:《深入开展国家队理想信念教育 努力提高运动队思想政治工作质量 各备战伦敦奥运》，中国共产党新闻网，2010 年 10 月 19 日。

② 国家体育总局:《国家队运动员、教练员集体参观庆祝中国人民解放军建军 90 周年主题展览》，http://www.sport.gov.cn/dw/n5107/c817870/content.html，2017 年 8 月 3 日，有改动。

队、飞碟队、单板滑雪队共200余名运动员、教练员集体参观了“铭记光辉历史　开创强军伟业——庆祝中国人民解放军建军90周年主题展览”，重温党领导人民军队走过的光辉历程，缅怀党的丰功伟绩，传承红色基因，接受革命理想和爱国主义教育。

运动员统一身穿带有国旗的运动服，排着整齐的队伍走进中国人民革命军事博物馆展览大厅，在讲解员的引导下，参观了8个展厅的展览。参观过程中，运动员、教练员认真听讲解，仔细端详每一件展品、每一件文物，用心回顾90年来党领导人民军队从小到大、从弱到强、从胜利走向胜利的光辉历程，深入了解人民军队所建立的丰功伟绩和国防、军队建设中取得的巨大成就。在习近平总书记提出“听党指挥，能打胜仗，作风优良”的新形势下强军目标的展板前，运动员、教练员驻足良久，用心听讲解员讲解习近平总书记的强军思想。大家感到，总书记提出的新形势下强军目标对国家队建设同样具有重要指导意义。要学习借鉴人民军队建设的先进经验，国家队也要坚决做到“听党指挥、能打胜仗、作风优良”，并要体现到“维护核心跟党走，备战奥运扬国威”的具体行动上。

通过本次参观主题展览活动，运动员、教练员纷纷表示很受教育、深受鼓舞。参观结束时，蹦床奥运冠军何雯娜在留言簿上写下了“铭记光辉历史，备战东京奥运，扬国威”的心得体会，并动情地说：“我是福建龙岩人，这次看到古田会议的展厅也深有感触，革命先烈流血牺牲为我们创造了现在的和平年代，我们应该永远珍惜并心存感激。我们作为国家队运动员，身处的是一个没有硝烟的战场，就是要用自己的刻苦训练让赛场升起五星红旗，这是我们运动员的责任。”带领队伍参观展览的总局冬季运动中心副主任刘成亮说：“这次展览全面地展示了我军的发展历程，强调了人民军队战无不胜、攻无不克的精神，我们国家队的队员也正需要这种精神坚定理想信念，积极备战扬我国威。”

据悉这次参观主题展览活动，是总局“两学一做”学习教育和“维护核心跟党走，备战奥运扬国威”主题教育活动的重要内容，旨在学习借鉴新时期人民军队政治建军、改革强军、科技兴军、依法治军的先进经验和创新精神，鼓舞和激励广大党员干部更加紧密地团结在以习近平同志为核心的党中央周围，坚定改革决心，为推动体育事业改革发展不懈努力奋斗。总局还将陆续组织各部门各单位党员干部职工和运动队运动员、教练员参观这一主题展览。

二、社会资本

（一）关于社会资本

“社会资本”的概念起源可以追溯到涂尔干（Durkheim）对团体生活的强调，即认为团体生活是防止社会失范和自杀的良药。在涂尔干的社会整合理论中，他认为个体行为应当被视为个体在其社会中整合程度的结果：个体在社会团体中的整合程度越高，受社会团体的控制也就越强，因为高度整合于社会团体之中的个体更可能遵行团体的行为规范并规避那些为团体所禁止的行为。“社会资本”的概念在马克思对处于离散状态的“自在阶级”和动员组织起来的“自为阶级”之间的区分中也有显现。这些古典理论作为社会资本的思想来源，体现了社会资本的一个潜在解释机制，即社会性对个体所产生的积极效应。

尽管在早期社会学理论中有所提及，但“社会资本”作为一个独立系统的概念是在20世纪80年代中期由法国社会学家皮埃尔·布迪厄首次提出的。布迪厄将社会资本定义为“现实或潜在的资源的集合体，这些资源与拥有或多或少制度化的共同熟识和认可的关系网络有关，换言之，与一个群体中的成员身份有关”①。对社会资本的这一工具性定义侧重于个体通过群体参与和社会性建构而不断增加的收益。依照这个工具性的解释，社会资本由两个部分组成：使个体得以摄取群体所拥有的资源的社会关系本身，以及这些资源的数量和质量。布迪厄主要把社会资本视为阶级生产和再生产的一种资本形式，他认为社会资本是一种通过对“体制化关系网络”的占有而获取的实际的或潜在的资源集合体，关注的是社会资本为某一特定群体中的个体行动者所带来的利益。

皮埃尔·布迪厄在其关系主义方法论的基础上率先提出“场域”和“资本”概念。“场域是以各种社会关系连接起来的、表现形式多样的社会场合或社会领域，一个场域可以被定义为在各种位置之间存在的客观关系的一个网络，或一个构型。”②场域是由不同的社会要素连接而成的，社会不同要素通过占有不同位置而在场域中存在和发挥作用。场域就像一张社会之网，位置可以被看成是网上的纽结。位置是人们形成社会关系的前提，“社会成员和社会团体因占有不同的位置而获得不同的社会资源和权利”③。布迪厄认为场域作为各种要素形成的关系网，是个动态变化的过程，变化的动力是社会资本。布迪厄把资本划分为经济资本、文化资本和社会资本三种类型，集中研究了资本之间的区分及相互作用，认为资本之间可以相互转换。布迪厄提出，所谓社会资本就是“实际的或潜在的资源的集合体，那些资源是同对某些持久的网络的占有密不可分的。这一网络是大家共同熟悉的，得到公认的，而

① P. Bourdieu. *The Forms of Capital-Handbook of Theory and Research in the Sociology of Education*, New York: Greenwood Press, 1986, p. 248.

② [法]布尔迪厄：《文化资本与社会炼金术——布尔迪厄访谈录》，包亚明译，上海人民出版社1997年版，第142页。

③ [法]布尔迪厄：《文化资本与社会炼金术——布尔迪厄访谈录》，包亚明译，上海人民出版社1997年版，第205页。

且是一种体制化的网络，这一网络是同某团体的会员制相联系的，它从集体性拥有资本的角度为每个会员提供支持，提供为他们赢得声望的凭证”①。社会资本以关系网络的形式存在。

詹姆斯・科尔曼(James S. Coleman)从微观和宏观相结合的角度对社会资本进行了较系统的研究。他认为社会资本研究的目的就在于通过对社会资本来研究社会结构。科尔曼指出:“蕴含某些行动者利益的事件，部分或全部处于其他行动者的控制之下。行动者为了实现自身利益，相互进行各种交换……其结果，形成了持续存在的社会关系。”“这些社会关系不仅被视为社会结构的组成部分，而且是一种社会资源。”②科尔曼由此提出了“社会资本”的概念。他把社会结构资源作为个人拥有的资本财产称作“社会资本”。社会资本不是某些单独的实体，而是具有各种形式的不同实体。科尔曼认为社会资本是与物质资本和人力资本相并存的，每个人生来就具有这三种资本。其中物质资本是有形的，社会资本和人力资本是无形的，它们三者之间可以转换。社会资本的形式有义务与期望、信息网络、规范与有效惩罚、权威关系、多功能社会组织和有意创建的组织等。

林南(Nan Lin)通过对社会网的研究提出了“社会资源”理论，并在此基础上提出了“社会资本”理论。林南首先提出了“社会资源”理论。所谓资源，就是“在一个社会或群体中，经过某些程序而被群体认为是有价值的东西，这些东西的占有会增加占有者的生存机遇”③。林南把资源分为个人资源和社会资源。个人资源指

---

① [法]布迪厄:《资本的形式》，薛晓源、曹荣湘主编:《全球化与文化资本》，社会科学文献出版社 2005 年版，第 44 页。

② [美]詹姆斯・科尔曼:《社会理论的基础》，邓方译，社会科学文献出版社 1999 年版，第 80 页。

③ 林南、张磊:《社会资本:关于社会结构与行动的理论》，上海人民出版社 2005 年版，第 100 页。

个人拥有的财富、器具、自然禀赋、体魄、知识、地位等可以为个人支配的资源。社会资源指那些嵌入于个人社会关系网络中的资源,如权力、财富、声望等,这种资源存在于人与人之间的关系之中,必须与他人发生交往才能获得。社会资源的利用是个人实现其目标的有效途径,个人资源又在很大程度上影响着他所能获得的社会资源。在社会资源理论的基础上,林南又提出了社会资本理论。社会资源仅仅与社会网络相联系,而社会资本是从社会网络中动员了的社会资源。林南认为,社会资本是“投资在社会关系中并希望在市场上得到回报的一种资源,是一种镶嵌在社会结构之中并且可以通过有目的的行动来获得或流动的资源”①。林南定义社会资本时强调了社会资本的先在性,它存在于一定的社会结构之中,人们必须遵循其中的规则才能获得行动所需的社会资本;同时,该定义也说明了人的行动的能动性,人通过有目的的行动可以获得社会资本。

在社会资本的测度上,布迪厄指出,个人拥有社会资本的多少取决于两个因素:一是“行动者可以有效地加以运用的联系网络的规模的大小”;二是网络中每个成员“以自己的权力所占有的资本的多少”。② 科尔曼提出从社会团体、社会网络和网络摄取三个方面来衡量个人的社会资本拥有量,认为个人的社会资本拥有量与个人参加的社会团体数量、个人的社会网规模和异质性程度、个人从社会网络摄取资源的能力成正比,这几个方面表现的值越高或越多,其社会资本的个人拥有量就越多。③

---

① 林南、张磊:《社会资本:关于社会结构与行动的理论》,上海人民出版社 2005 年版,第 121 页。

② P. Bourdieu. *The Forms of Capital-Handbook of Theory and Research in the Sociology of Education*, New York: Greenwood Press, 1986, p. 117.

③ 参见[美]詹姆斯·科尔曼:《社会理论的基础》,邓方译,社会科学文献出版社 1999 年版,第 256 页。

(二)教练员的社会资本

社会资本的内容分类在各个领域的研究中尚未达成共识,美国社会学家托马斯·F. 布朗(Thomas F. Brown)将社会资本划分为宏观、中观和微观三类,科尔曼将其划分为个体社会资本和群体社会资本,安尼路德·克里舒那(Anirudh Krishna)、诺曼·厄普赫夫(Norman Uphoff)将其划分为结构型社会资本和认知型社会资本。虽然有不同,但是社会资本包含社会支持、社会网络、社会参与、信任、互惠、共享等核心要素的观点被多数社会资本研究者所接受。

1. 社会支持

20 世纪 70 年代,瑞斯捷克(Raschke)提出"社会支持"是指人们感受到的来自他人的关心和支持。[①] 威尔曼(Wellman)和瓦德雷(Wortley)则认为社会支持包括情感支持、小宗服务、大宗服务、经济支持和陪伴支持。[②] 库特纳(Cutrona)和拉塞尔(Russell)将社会支持区分为情感性支持、社会整合或网络支持、满足自尊的支持、物质性支持和信息支持。[③] 国内学者刘晓、黄希庭把社会支持界定为情绪支持(如共鸣、情爱、信赖)、手段支持(如援助)、情报支持(提供应对情报)、评价支持(提供关于自我评价的情报)。[④] 李强认为社会支持是一个人通过社会联系所获得的能减轻心理应激、缓解紧张状态、提高社会适应能力的影响。其中,社会联系指来自家庭成员、亲友、同事、团体、组织和社区的精神上和物质上的支持和帮助。[⑤]

---

① 参见侯钧生:《西方社会学理论教程》,南开大学出版社 2001 年版,第 401 页。

② 参见侯钧生:《西方社会学理论教程》,南开大学出版社 2001 年版,第 402 页。

③ 参见侯钧生:《西方社会学理论教程》,南开大学出版社 2001 年版,第 402 页。

④ 参见刘晓、黄希庭:《社会支持及其对心理健康的作用机制》,《心理研究》2010 年第 3 期。

⑤ 参见李强:《社会支持与个体心理健康》,《天津社会科学》1998 年第 8 期。

根据社会支持的相关理论，结合支持群体角度，教练员的社会支持主要来源于国家、组织和家庭三个方面，支持的内容主要包括情绪支持、手段支持、情报支持和评价支持等。个体支持主要来源于家庭、朋友、上级的支持，组织支持则主要是省市运动队和国家队的支持。优秀教练员尤其是国家队教练员由于长期从事训练工作，不仅承担着巨大的训练工作压力，同时还存在与家庭成员两地分居等生活压力，家人、朋友的支持有着积极意义；上级支持是教练员长期从事训练工作重要支持动力，上级支持程度在很大程度上决定着教练员工作积极性等；省市运动队、国家队给教练员提供必要的相关法令、训练信息与建议等，能促进教练员训练水平的提高、训练能力的提升等。

2. 组织参与

教练员的组织包括国家队、省市运动队等。作为一种结构性社会资本，组织参与实质上是获得社会支持的一种途径。教练员通过运动队可以加强成员彼此之间的联系，可以得到如物质、精神和信息等的社会支持；通过参与组织，可以获得其他优秀教练员的训练经验，能够了解动作技术的新动作以及新的训练方法等。

3. 社会网络

社会网络是指社会个体成员之间因为互动而形成的相对稳定的关系体系。社会网络关注的是人们之间的互动和联系。社会互动会影响人们的社会行为，互动包括了互动的广度与频度。社会网络作为一种社会学视角发端于德国社会学家齐美尔(Georg Simmel)，并在 20 世纪 60 年代随着冷战和西方普遍出现的社会动乱开始在西方广为发展。社会网络分析不把人看作是由个体规范或者独立群体的共同活动所驱动，相反，它关注人们的联系如何影响他们行动中的可能性和限制。

教练员的社会网络是教练员与运动员、科技人员等人员互动而形成的关系体系。教练员的社会网络主要由整体网络和个人网络构成。整体网络主要涉及运动队乃至运动训练复合团队内部的关系、教练员与运动员以及科技服务、管理者等人员的人际互动和交换模式。个人网络主要涉及教练员个体行为如何受到其所在的运动队成员的影响关系等。教练员所处的运动队内关系或教练员与团队人员关系是否融洽,直接影响到教练员的责任担当、职业精神、工作情趣以及训练绩效等。教练员在团队内的互动广度与频度往往影响到教练员的社会支持程度及内容,良好的互动模式在一定程度上决定着教练员的训练成绩或竞争力。教练员的社会网络的规模、关系构成、网络密度、异质性、趋同性等也同样决定着其社会支持程度及能力发展等。

4.信任

"信任"概念由于其抽象性和结构复杂性,在社会学、心理学、营销学、经济学、管理学等不同的领域其定义也是不同的,至今仍没有一个统一的定义。在社会科学中,信任被认为是一种依赖关系。作为社会资本的核心内容,信任是人与人之间加强联系的纽带,信任是群体合作的基础。[①] 就教练员而言,信任是教练员成功的基础、竞争力形成或提升的重要保障,也是运动队管理工作的核心。作为运动队的主角,教练员具有较高的信任水平,有利于其人际交往的开展、相互沟通和交流。教练员和运动员之间的相互信任是不可或缺的,运动员对教练员信任的建立,有助于增强教练员的领导效能,促使运动员形成服从组织权威的正确方式以及积极与教练员进行合作。教练员与领队、工作人员、行政领导等人员之间也需要信任,良好的信任关系可以得到更多社会支持。任何一个层面信任的缺失,都必然影响到教练员正常工作的开展,并最终影响着训练效益和运动员成绩。

① 参见张维迎:《信息、信任与法律》,三联书店 2006 年版,第3 页。

三、象征资本

(一)关于象征资本

象征资本,即符号资本。根据布迪厄的解释,符号资本指的是特权、声名、神圣性或荣誉的累积程度,它是建立在知识和认可的辩证法之基础上的。[①] 符号资本可以被理解为是一种受到社会认可的,能够生产、再生产和长期积累的荣誉、声名、精神、特殊性或神圣性等以符号化方式存在的稀缺性资源。象征资本不是实体性的,而是无形的、象征性的,它能增强信誉和可信度的影响力。布迪厄既把符号资本看作是其他三大资本的表现形式,又把它看作是相对独立的,与其他三大资本并列为第四种资本。布迪厄认为,象征资本同时具有被否认和被承认双重性质,或者更确切地说它是通过"不被承认"而"被承认",它是通过无形的、看不见的方式,达到比有形的、看得见的方式更有效的正当化目的的一种"魔术般"的手段和奇特的力量。象征资本源于其他资本类型的成功使用,以至于掩盖了自私自利的目的,于是产生了符号效应。

(二)教练员的象征资本

教练员的象征资本也是一种稀缺性资源,象征资本是体育场域中精英教练员的专利,这些资本包括由官方或社会组织评选出的"优秀教练员"等荣誉称号。教练员一旦获得这些荣誉称号,就会显示出象征资本的魔力或者对他人的影响力。教练员所说的话会更有分量,会更受到运动员的青睐,教练员就会选到更加优秀的

---

① Pierre Bourdieu, *The Field of Cultural Production: Essays on Art and Literature*, ed. and intro. Randal Johnson, Cambridge, UK: Polity, 1993, p. 7.

运动员作为自己的弟子。从资本的转化角度看，这也如同布迪厄所言："最具有转换力量的资本是符号资本，因为正是这种资本能够去辨认其他类型的资本和确定它们的合法性。例如，一个人的地位和声誉，他或她的姓名和头衔是符号资本，这种符号资本一旦被确认，就可以进一步转换，或者是社会资本，或者是文化资本，或者是经济资本。"[①]可见，教练员象征资本的意义不言而喻。

【案例】

刘国梁、郎平等入围国际奥委会终身教练奖候选名单[②]

为表彰教练员在体育事业发展中的特别贡献，国际奥委会继2017年创立终身教练奖后，于2018年启动了第二届终身教练奖评选。2018年8月3日，国家体育总局推出了堪称重量级的候选名单，力争在世界舞台上展现当代中国教练的风采。推荐刘国梁、张军、孙海平、郎平、周继红5名教练员为国际奥委会第二届终身教练奖候选人选。

按照国际奥委会的评选标准，"至少作为教练参加过一届奥运会(冬奥会)，并对奥运选手的成长和奥林匹克运动做出突出贡献"的现役或退役教练员可以获得候选人资格。国家体育总局此次推荐的刘国梁、张军、孙海平、郎平、周继红5名教练都曾是各自执教领域的领军人物。成为候选人，既是对他们所取得成绩的肯定，同时也以此鼓励更多教练以他们为榜样，在岗位上兢兢业业、不懈追求，为运动员的成长和中国竞技体育的腾飞贡献力量。"对运动员而言，教练是激励他们不断前行的楷模，不仅在技术领域给予他们

---

① 侯钧生：《西方社会学理论教程》，南开大学出版社2001年版，第363页。

② 《刘国梁郎平等入围国际奥委会终身教练奖候选名单》，http://www.paper.people.com.cn/rmrb/html/2018-8/05/nw.D110000renmrb_2180805_1-08.htm，2018年8月5日，有修改。

指导,更在他们个人成长甚至整个职业生涯中扮演着导师角色。肯定教练在运动员成长和奥林匹克运动发展过程中的积极作用是非常重要的。”

作为传统优势项目,乒乓球、羽毛球和跳水是中国体育代表团在历届奥运会上争金夺银的“大户”,而竞技成绩的长盛不衰离不开教练的付出,正是这些幕后英雄的辛苦和努力,才培养出了一代代优秀运动员征战赛场。执教中国跳水队 20 年的周继红经历过老将新秀的更迭,却始终带领中国跳水“梦之队”延续着竞技场上的辉煌。现中国羽毛球队教练张军从 2008 年起开始担任男双组教练,为中国羽毛球队男双项目的崛起付出了巨大心血。

在此次的推荐名单中,中国乒乓球队前总教练刘国梁的入选备受关注。刘国梁曾是中国乒乓球队的优秀运动员,退役后执起教鞭,一步步成长为总教练,并带领中国乒乓球队包揽了北京奥运会、伦敦奥运会和里约奥运会的全部金牌,成绩显著。此次入围候选人名单,正是对他以往执教成绩的肯定。

在三大球和基础大项田径上,中国队一直扮演着追赶者的角色。孙海平凭借默默无闻的努力,为中国田径写下了浓墨重彩的一笔。他的弟子刘翔曾在 2004 年雅典奥运会获得 110 米栏金牌。除刘翔外,孙海平还培养了史冬鹏、谢文骏等多名优秀田径运动员,为中国田径不断取得突破,做出突出贡献。

此次入围的 5 名教练中有 4 名是运动员出身,他们不仅运动成绩优异,更将好的经验和实践融入执教经历中,从运动员到教练的成功转型,体现出的正是中华体育精神的传承与发扬。里约奥运会上,主教练郎平带领中国女排重回世界之巅,同时将永不放弃、勇于拼搏、团结奋斗的体育精神呈现在世界面前。在担任主教练期间,她带领中国女排获得了奥运会 1 金 1 银、2 枚世界杯金牌和 2 枚世锦赛银牌的成绩,足见其强大的执教能力。她克服困难的努力和奉献精神,也曾感动无数人。榜样的力量不可估量,如今，郎平正带领年轻的中国女排向下一个巅峰发起挑战，她的坚韧不拔、以身作则也在影响着身边的每个人。

其实，郎平和刘国梁获得国际奥委会终身教练奖，也仅是他们获得的荣誉奖中的一个。郎平曾经获得的各种荣誉奖励达到30多个，譬如：大本钟奖体育类终身成就奖(2017)、大本钟奖体育类十杰华裔教练员(2017)、"感动中国"2016年度人物特别致敬、2016年度CCTV体坛风云人物、2016年获得"影响世界华人大奖"(2016)、"感动中国"2015年度人物、国际奥委会授予的"妇女和体育"贡献奖(2012)、光耀60年中华人民共和国最具影响力体育人物(2012)等等。同样，刘国梁也多次获得荣誉奖励，譬如，第七届牛耳奖互联网年度体育成就人物(2016)、2011年中国十佳劳伦斯冠军奖最佳教练奖、2007～2010年CCTV体坛风云人物最佳教练提名奖、中国十佳劳伦斯冠军奖最佳教练员提名奖(2006)、国际乒联杰出贡献奖(2012)、国家体委授予体育运动荣誉奖章(1996)等等。

四、教练技术

(一)关于教练技术

1. 关于教练及教练技术的理解

何谓"教练"？"教练"(coaching)是一个一对一进行的，有针对性的互动干预过程。教练是从改变被教练者的心态开始，进而改善行动，使其突破自我，最后达到想要的成果。教练在内容上是问题聚焦式的，在形式上是一对一、个体式的，在时间上是固定期限、连续跟踪式的。教练既包含发展性，又包含补救性，但其主要的切入点是员工的潜能开发，更侧重于优秀特质的发掘与利用，带有成长性质，主要是将员工从现状提升至理想境界。[①]

“教练技术”(coaching technology)则是一门通过完善心智模式来发挥潜能、提升效率的管理技术。[②] 教练技术是一门融合了心理学、管理学、教育学等多学科理论基础的综合应用体系，它的本质是凭借教练技术方法与工具的运用，通过完善被教练者的心智模式及思维方式，培养激发其潜能，帮助其向内挖掘、向外发散，提高其解决问题的能力，从而完成其自我实现和自我超越的系统思维方式及科学行为方法。“心智模式”是彼得·圣吉在《第五项修炼》中提出来的概念，是一种深植于人们心中的对周围及世界的看法及其采取的行动。教练技术有两大特点：一是人本性，教练技术和传统的管理技能不同，传统的管理者或领导者把焦点放在自身，更想让自己获得成果，而教练更关注他人，他引导被教练者去感受、去思考、去做决定、去承担责任，支持并协助被教练者拿到成果。二是可操作性，教练技术通过一个持续的流程，即支持被教练者设定目标，明确行动步骤，在行动过程中协助被教练者排除固有心态或信念对行为模式的影响，从而改善行为，推动被教练者实现卓越成果。

从教练的内容来看，教练技术不同于传统培训或传统教育注重在人的知识、技能方面的培养，而把关注点放在拓宽被教练者人格深层次的信念和态度、挖掘其个人价值观和愿景上；从教练的过程(企业教练运用教练技术于被教练者的过程称为“教练过程”)来看，教练活动是一个帮助被教练者不断建构自我的过程，他在与教练的互动过程中不断认识自己、挖掘自己、发展自己，对自身的人

---

① 参见吴燕：《国内教练技术的发展现状和培训效果迁移研究》，上海师范大学硕士学位论文，2008年。

② 参见欧阳才井：《“企业教练”技术及其在我国中小企业的应用实践研究》，西南财经大学硕士学位论文，2007年。

格、认知、情感态度等进行不断的建构，并对自己的行动和学习负责。

2. 教练技术的形成与发展

“教练技术”源于体育训练，这是网球教练、美国海军退役军人添·高威在训练网球运动员的时候总结提炼出的，后来又被企业管理者转化运用为一种激发下属潜能的管理模式，被称为“企业教练技术”。越来越多的企业和组织都已经将教练技术应用于管理。教练之父添·高威认为，教练技术就是指导人进行思维和行为改变的应用方法，是一种通过沟通和惯用的方式继而创造新环境的艺术。① 澳大利亚著名企业教练佩里佐斯将“教练技术”定义为一种交谈和对话。他认为在这一过程中，教练者与被教练者之间在进行动态的人际互动，从而达成既定的目标，或是帮助被教练者提高绩效且最终获得更大的成功。② 近年来，在世界范围内，教练被越来越广泛地应用于企业人才培养、领导力提升、个人自我发展等领域。

【案例】

“教练技术”的形成与发展③

提起“教练”(Coaching)，人们可能立即会联想到体育，如网球教练、篮球教练、足球教练、体操教练等等，“教练”概念被引入商界出现企业教练却是近 30 年的事。

关于它的起源，一个众口流传的故事的主角是一个叫添·高威的美国人，是他率先将教练技术引入了企业界。1971 年，美国

---

① 参见[英]萨拉·索普·克利福德:《企业教练》，黄德海、周媛、陈新中译，北京大学出版社 2005 年版。

② 参见吕峰、金志扬:《像教练一样带团队》，机械工业出版社 2007 年版。

③ 摘自百度百科“教练技术”，https://baike. baidu. com/item/教练技术110118036? fr=aladdin，有修改。

加利福尼亚州中西部自由艺术学院的创始人之一添·高威在暑期开设了网球和滑雪训练课程。他除了亲自授课外还分别聘请了几名网球和滑雪教练来授课。当时,碰巧有名网球教练因故不能授课,而此时许多付费学员都在等待教练,于是添·高威决定临时调用一名滑雪教练来教打网球。可是那位滑雪教练偏偏不会打网球,添·高威对滑雪教练说:"你只要教他们把注意的焦点集中在网球上,千万不要给他们做示范动作。"滑雪教练依计行事。一个月后,添·高威惊奇地发现滑雪教练教授的学员普遍比正式的网球教练所教授的学员进步快。添·高威于是对这个有趣的现象进行了一番深入的研究,他发现,传统的网球教练训练的主要方式是教练做示范动作,学员模仿动作,教练纠正学员的错误。很多学员把注意力都集中在自己的动作是否规范上了,而当球飞过来时手忙脚乱。滑雪教练因不会打网球,所以无法做示范,只好要求学员把注意力集中在网球上,而对学员击球的动作没有特别规定,同时对学员提出一些开放式的问题,诸如"你的身体如何调整才能接住飞来的网球呢?"等等。由于学员把注意力集中在网球上而不是自己的动作是否标准上,所以他们竟然自动对自己的动作进行了调整以接住飞过来的网球。事实上,当教练发现学员的错误并提出建议来纠正他的时候,学员的表现反而降低,假如他放松,脑海里有了优良表现的想象,身体有了感觉,那么他的表现就会改善。在没有意识到自己有问题的情况下不自觉地改正了错误。

后来,添·高威对外界宣称,他可以让一个完全不会打网球的人在20分钟内学会基本熟练地打球。此事引起了美国ABC电视台的兴趣,他们决定派记者现场采访。添·高威找到一个体形很胖的、从未打过网球的女人。他让这个女人不必计较用什么姿势击球,只需把焦点放在网球上(这就是他所说的注意力集中法)。当网球从地面弹起时,先叫一声"打",然后挥拍击打网球。添·高威解释说:"我并没有教她打网球的技巧,我只是帮助她克服了自已不会打球的固有信念,她的心态经历了'不会'到'会'转变。"这个过程在电视上播放之后,引起了AT&T高层管理者的兴趣。他们把添·高威请到公司来给高级经理们讲课。在授课过程中,经理们不停地在笔记本上记录着。下课后,添·高威发现他们的笔记本上找不到和网球有关的字眼,反而满篇都是企业管理的内容。原来,AT&T的管理者们已经将运动场上的教练方式转移到企业管理上来。于是,一种崭新的管理技术——教练技术诞生了。

此后,添·高威也从体育领域进入到管理领域而成为一位企业教练。据此,添·高威写了一本书《网球的内在竞赛》并很快成为炙手可热的畅销书。内在竞赛是指学员内心的竞赛,它的对手是诸如注意力不集中、紧张、自我怀疑及自责等障碍。简而言之,内在竞赛的目的是帮助学员克服导致表现欠佳的所有思维定式。接着他又出版了一系列畅销书,其中提出了在不同领域改善个人及专业表现的一种新的方式,因此他被认为是世界上最早思考学习与教练的人之一。他的系列著作被誉为教练技术的经典之作,它对于运动心理学领域的出现及商业中教练的引进起了重要的引导作用。他的新作《工作的内在竞赛》着重于如何提高人们的能力继而达到商业目标。这本著作也得到了广泛好评。

(二)教练员的教练技术

教练技术受到体育领域研究的重视,《教练理论入门》中对"教练"的解释是:"'教练'这个词经常被用来涵盖许多活动,一般指帮助一些人进行某些方面的准备。在田径运动中,教练被描述为对某个或某些运动员有组织地提供帮助,以帮助他们得到发展和提高。教练包括教学、训练、指导、运动员管理、媒体接触等。"①

① [英]彼得·J.L.汤普森:《教练理论入门》,张英波、孙楠译,北京体育大学出版社2011年版,第5页。

优秀教练员不仅要具备优秀的专业能力，而且要具备良好的领导力或管理能力，领导力形成的重要基础就是教练技术。积极教练技术能有效地提升运动员的运动技能、动机和积极体验。一般而言，优秀教练员应具有以下四种教练能力，即倾听、发问、区分和回应，这四种基本能力是组成教练技术的最基本元素。掌握这四种基本能力有利于教练过程的实施，有助于教练员核心竞争力的提升。

1. 倾听

倾听是教练员与运动员有效沟通的基础，有助于教练员获取运动员的感受、情绪等，以取得最佳的管理效果。教练员要倾听运动员说话背后的出发点、背后的假设和情绪，在倾听时的态度是“忘我”的，要抛开自己的判断和看法。

2. 发问

发问是教练过程中最常用的表达形式，教练员要通过发问了解运动员的心态，收集有关资料，支持或让运动员找出自己的方法去解决问题。教练员在发问时的态度务必要中立、有方向和建设性。

3. 区分

优秀教练员要善于理清事实与演绎，避免含混，帮助运动员看到自己的心态、固有信念和处事模式。

4. 回应

回应是一种强有力的工具，教练员要善于通过回应让运动员清楚自我，清楚自己的实力所在，看到自己的努力方向，了解训练中在性格、情绪等方面的偏差或弱点，从而加速改善自己。但是教练员的回应方向应直接、明确、负责和及时。

五、责任担当

教练员的责任担当主要是指教练员在工作过程中处理与运动员、运动队、运动项目等关系时，所形成的情感态度、价值取向和行为方式。其具体包括社会责任、国际理解、职业认同等。随着时代的发展，教练员的责任内涵被赋予了更深邃和更广泛的时代意义，教练员的责任既是社会的外在要求，也是教练员个体的内部需要。教练员的责任意识是促使教练员热爱本职工作，全身心投入其中的重要内源性动力。相关研究表明，国内许多“金牌”教练员在从事教练职业过程中往往具有强烈的责任担当意识、价值取向，并付诸行动等。

（一）社会责任

1991 年生效的《奥林匹克宪章》第一次对“奥林匹克主义”(Olympism)进行了诠释：

> 奥林匹克主义是将身心和精神方面的各种品质结合在一起并使之得到提高的一种人生哲学。它将体育运动与文化和教育融为一体，奥林匹克主义所要寻求的是一种生活方式，这种生活方式是以体验奋斗中的乐趣、寻求优秀榜样的教育价值、尊敬社会责任和一般伦理为基础。

教练员作为“奥林匹克主义”的践行者、推动者、发展者，有必要、有义务积极履行社会责任。结合国内体育发展特点，本书认为教练员社会责任主要包括竞技体育发展、全民健身推动、学校体育促进等方面。

1. 竞技体育发展

促进竞技体育发展是教练员最本质、最基础的社会责任，这种社会责任不单单是对运动员的训练管理这一具体的实践行为，而是在训练管理过程中所展现的态度、行为等总体表现。在竞技体育发展中，教练员所应承担的社会责任主要包括：自律自信与诚信友善、感恩与志愿服务、敬业奉献与履职尽责、团队意识与互助精神、理想和信念等。这些态度和行为无时无刻不在影响或督促教练员的发展，或者不断提升教练员核心竞争能力。

2. 全民健身推动

作为一名教练员，无论是运动员时期还是从事教练员工作期间，所取得的成绩、获得的成功以及各种荣誉资本等，与国家的培养和人民的哺育密不可分。教练员更应该以己之长，服务大众，通过志愿服务等形式，积极参与全民健身推进活动，用实际行动回报祖国和人民的养育之恩。这是教练员所应承担的社会义务和责任，也是个人价值得以实现的有效途径。一个具有强烈意愿参与全民健身推动的教练员，一个作为全民健身倡导者、引领者的教练员，势必会在其本职工作中具有强烈的成就动机和行为，训练过程中的工作投入会更加积极活跃。教练员在全民健身中承担的责任主要包括群众体育活动参与、全民健身指导与培训、全民健身理念传播、科学健身知识普及、运动项目营销与推广以及体育健康生活方式示范等。

3. 学校体育促进

青少年体魄强健、意志坚强、充满活力，是一个民族旺盛生命力的体现。强化学校体育是实施素质教育、促进学生全面发展的重要途径，对于促进教育现代化、建设健康中国和人力资源强国，实现中华民族伟大复兴的中国梦具有重要意义。党中央、国务院高度重视学校体育，国务院对加强学校体育提出明确要求。近年来，各地、各部门不断出台政策措施，加快推进学校体育，学校体育工作取得积极进展。但总体上看，学校体育仍是整个教育事业相对薄弱的环节，体育教师短缺，社会力量支持学校体育不够，学生体质健康水平不高仍是学生素质的明显短板。

2016 年，出台了《国务院办公厅关于强化学校体育促进学生身心健康全面发展的意见》，提出学校体育要“坚持培养兴趣与提高技能相促进”，要“注重教体结合，开展课余训练，为有体育特长的学生提供成才路径，为国家培养竞技体育后备人才奠定基础”，“鼓励优秀教练员、退役运动员、社会体育指导员、有体育特长的志愿人员兼任体育教师”，“整合各方资源支持学校体育，鼓励专业运动队、职业体育俱乐部定期组织教练员、运动员深入学校指导开展有关体育活动”等。教练员是具有专门体育技能的特殊人才，他们具备高超的运动技能，教练员走进校园以促进学校体育发展是他们的社会责任所在。

（二）国际理解

国际理解是一种新的理解理念和范式。国际理解是在国与国之间或区域性国家之间所共享的普遍性价值所达成的一致性态度和认知，或者是对彼此差异性的包容性认可和坦然接受。① 国际理解是为了人类的共生与共赢，不同国家及人民在国际交往中所体现的尊重、包容、合作的态度与行动。② 国际理解是一个双向过程，既是对他国经济、政治、文化的理解，同时也是让其他国家认识和了解本国的双向互动过程。

何谓教练员的国际理解？教练员国际理解的价值体系是什么？本书认为：教练员的国际理解是不同国家或地区的教练员基于奥林匹克的思想价值所达成的一致性态度和认知。如何促进教练员的国际理解？重要途径即国际理解教育。教练员具有良好的

---

① 参见李建军：《国际理解的视域与学科维度》，《新疆师范大学学报（哲学社会科学版）》2016 年第 3 期。

② 参见吴宝宏：《大学生公民国际理解能力测评指标体系构建》，《广州大学学报（社会科学版）》2016 年第 1 期。

国际理解能力，有助于教练员在奥林匹克运动中承担起应有的责任，有助于教练员弘扬奥林匹克精神、民族精神以及中华体育精神，有助于教练员具备良好的全球胸怀和国际视野，有助于教练员理解世界各国相互依存的关系，等等。

（三）职业认同

职业认同，是指一个人对所从事的职业在内心认为它有价值、有意义，并能够从中找到乐趣。职业认同既指一种过程，也指一种状态。教练员职业认同的提出，对推动教练员培养工作及其专业发展等，具有更深远的影响。

积极构筑或推进教练员的职业认同具有重大意义。有助于教练员个人对职业进行自我感知和自我判断，不断调整运动训练竞赛中自己的角色和行为，以适应国家颁布的体育制度规章和教练员职业道德体系，等等。职业认同是教练员履职的内在动力，它能促使教练员爱岗敬业、尽职尽责、创造性地做好运动训练工作，既关系到运动员的成材，又关系到教练员所从事运动项目的整体发展以及教练员自身的职业成长与发展。教练员对其职业的认同持正确态度，会发自内心地接受自己所从事的职业；有较高职业认同感的教练员往往更满意自己的工作，更愿意在运动训练工作上下工夫，更愿意进取，会更觉得自己的教练员工作非常荣耀、适合自己。教练员的职业认同主要包括身份认同、文化认同和情感认同。

1. 身份认同

“身份”一词在汉语中有出身和社会地位、身价以及姿态、架势等多重含义。“身份”一词可以从其本身含义（是谁）理解，也可以从与他人的关系定位和相关身份观念的行为规则理解。经典的身份理论认为，身份是赖以确定人们权利和行为能力的基准，人们一旦从社会获得了某种身份，也就意味着他获得了与此种身份相适应的一系列的权利、义务和责任。[①] 但是,现代建构主义认为,“身份”是一种建构的过程,它是由社会所建构的,是行为者通过其在社会环境中不断和他身外的或者未曾预料到的经验相遇,并把某些经验选择为属于自身的东西。[②]

教练员作为国家成员个体,国家公民是其基本的身份,即国家公民身份(也称为“公民资格”),是作为特定社会、政治共同体中一名公民的特征和标志。我们通常把一个国家的法律规定所赋予公民的权利和义务作为公民身份的标志。同时,教练员是一种职业,教练员为“运动训练中直接负责培养和训练运动员的人员。教练员对运动员的思想、身体、技术等要全面负责,须具有专项运动的理论知识和较高的技术水平,掌握先进的教学和训练方法”[③]。因此,教练员又具备“教练员”这一职业身份。由此,教练员的身份认同包含了国家公民身份认同和教练员的职业身份认同两种,本书在后续的分析中仅对职业身份认同进行论述。

“身份认同”概念早期研究是以哲学范式为主,哲学上按其主体论的发展将身份认同分为三种研究模式:一是以主体为中心的启蒙身份认同;二是以社会为中心的社会身份认同;三是后现代去中心化身份认同。[④] 20 世纪 60 年代后,学者从社会学、心理学等学科对身份认同的相关问题进行研究。在社会学领域,身份认同意味着主体对其身份或角色的合法性的确认,对身份或角色的共识及这种共识对社会关系的影响。迪奥克斯(K. Deaux)认为身份

① 参见张秀仕:《契约文化与中国现代法治建设》,《玉溪师范学院学报》2003 年第7 期。

② 参见钱超英:《身份概念与身份意识》,《深圳大学学报(人文社会科学版)》2000 年第 2 期。

③ 中国社会科学院语言研究所词典编辑室:《现代汉语词典》(第 6 版),商务印书馆 2015 年版,第 656 页。

④ 参见陶家俊:《身份认同导论》,《外国文学》2004 年第 2 期。

认同是一个人对自己归属哪个群体的认知，这是自我概念中极其重要的一个方面。[①] 黄铃指出身份认同是个人对所属群体的角色及其特征的认可程度和接纳态度。[②] 邹英认为身份认同是有关个人在情感和价值意义上视自己为某个群体成员以及隶属某个群体的认知，而这种认知最终是通过个体的自我心理认同来完成的，也就是说，它是通过认同实现的。[③] 何洪涛认为身份认同是人们对自我身份的确认。[④] 身份认同是个体对自我身份的确认和对所归属群体的认知以及所伴随的情感体验及行为模式进行整合的心理历程。[⑤] 身份认同旨在使处于某一群体中的个体，主动建立一个认知和表达体系，在自己是谁、自己是做什么的、扮演什么社会角色、遵循什么规范等问题上形成清晰的主体意识并表现出相应的主体行为。[⑥]

2. 文化认同

文化是民族的血脉，是人民的精神家园。"文化认同意指个体对于所属文化以及文化群体内化并产生归属感，从而获得、保持与创新自身文化的社会心理过程。"[⑦]"文化认同是人类对于文化倾向的共识与体认，并由此产生的深层心理积淀。它以使用相同的

---

① K. Deaux, "Reconstructing Social Identity," *Personality and Social Psychology Bulletin*, 1993, 19: 4-12.

② 参见黄铃：《我国中小学心理教师身份认同感现状分析》，《云南教育(继续教育版)》2007 年第 8 期。

③ 参见邹英：《新生代农民工自我身份认同困境的社会学分析——以长春市为例》，吉林大学硕士学位论文，2007 年。

④ 参见何洪涛：《从身份认同看英国工业化进程中的贵族》，《兰州学刊》2010 年第4 期。

⑤ 参见张淑华、李海莹、刘芳：《身份认同研究综述》，《心理研究》2012 年第 5 期。

⑥ 参见张军凤：《教师的专业身份认同》，《教育发展研究》2007 年第 4 期。

⑦ 陈世联：《文化认同：文化和谐与社会和谐》，《西南民族大学学报(人文社科版)》2006 年第 3 期。

文化符号、遵循共同的文化理念、秉承共有的思维模式和行为规范为依据。”[①]可见，文化认同是一种对特定文化内容和形式的情感倾向，是个体对自己所属国家的历史文化传统、现代主流文化以及核心价值观等的感知和表现出接受、赞同和追求的态度。

教练员的文化认同主要包含对国家体育文化认同、运动项目文化认同和运动队文化认同。中国体育文化是民族的立身之本，是区别于其他民族体育文化的“遗传基因”。教练员的文化认同既体现了教练员对国家、民族等的自身体育文化传统和内在价值的充分肯定，也体现了对自身文化发展进程和生命力的坚定信念。培养教练员高度的文化认同，能为教练员所从事体育项目乃至中国体育事业发展提供强大的精神动力，只有树立持久的体育文化认同才能维系教练员持续的工作动力和工作激情，才能对自己的事业孜孜以求，才能促进教练员核心竞争能力的提高。

3. 情感认同

情感是人们对外界和内心世界的体验和反映，情感具有倾向性、深刻性、稳固性和效果性等特征。情感的倾向性是一个人的情感指向什么和为什么会引起，它和一个人的世界观、人生观有着密切的联系，也和一个人的人生态度有关。情感的深刻性是一个人的情感涉及有关事物的本质程度。人的情感是由一定的客观事物引起的，越是接近事物的本质，就越具有深刻性。情感的稳固性是情感的稳固程度和变化情况，情感的稳固性是一个人主观世界稳固性的具体表现。情感稳固则能成为人经常的、持久的行为动力。情感的效果性是一个人的情感在其实践活动中发生作用的程度。情感效果性高的人，任何情感都会成为鼓舞其进行实际行动的动力。情感认同是指个体对某事物在深刻和全面了解的基础上，从

---

① 崔英起：《历史教学与港奥台大学生的文化认同教育探索》，《教育探索》2011年第6期。

情感上对其产生肯定、喜爱、赞同、追求和采取积极的态度。[①]

本研究视野下情感是指教练员的职业情感，情感认同即教练员职业情感认同。教练员的职业情感主要包括职业成就感、职业使命感、职业价值感、职业自信感、职业敬业感等。职业成就感是指教练员在从事教练员职业过程中完成某项任务或运动员取得优异成绩时，所感受到的快乐或成功的体验。职业使命感是指促使教练员采取积极行动，实现自我理想与梦想的心理状态。职业价值感是指教练员对所从事职业的自我定位、对未来成就的预判、对社会回报的满意度。职业自信感是指教练员确信自己追求的目标是正确的，并能够在从事教练员职业过程中克服重重困难，永远保持一种乐观、坚定、积极向上的信念。职业敬业感是指教练员能够以恭敬严肃的态度对待自己的岗位，对所从事的职业与承担的任务尽职尽责、乐于奉献，力求将本职工作定质、定量地完成。教练员的职业情感认同涉及认同主体、认同内容、认同过程和认同环境等要素，情感认同主体是教练员个体或群体，情感认同客体包括有关教练员的职业理想、职业修养、职业声望、团队荣誉、团队行为方式等，情感认同的产生经过情感的唤醒、激发、实现、提升等环节，情感认同环境包括制度、体制机制及其运行等。

教练员职业情感认同具有重要功能，情感进化理论认为，情感赋予文化规范和规则以力量。没有情感，就没有良心的刺痛、社会责任的强制、尊重的感受和道德的应然。[②] 情感认同能够促进教练员个体或群体的加入，对于职业工作参与程度起着积极作用。国内研究业已证明，凡成功教练员都对国家或所从事的教练员职

---

① 参见龚旭芳:《论意识形态建设的理性认知和情感认同》,《湖北社会科学》2009年第12期。

② 参见[美]乔纳森·特纳、简·斯戴兹:《情感社会学》,孙俊才译,上海人民出版社2007年版。

业具有高度的情感认同。譬如,以蔡振华为首的国家乒乓球队教练员班子始终怀揣为国争光、再创辉煌的坚定信念,把报效祖国,在世界乒坛争霸称雄作为自己的崇高理想和人生追逐的目标。尽管有时处于低潮,面临世界范围的"对抗",但他们始终信念坚定,意志顽强,遇挫不馁,愈挫愈勇。在困难面前,决不退缩,毫不动摇,在任何情况下都保持信心。这种精神动力正是来源于他们对事业的执着与追求,对所从事职业或运动项目的情感认同所迸发出的巨大力量。此外,袁伟民教练所倡导的女排拼搏精神,黄玉斌教练对夺取奥运体操团体金牌的执着追求,李永波教练接管正处于低潮时期的中国羽毛球队帅印时所制定的奋斗目标,无不体现了优秀教练员对职业高度的情感认同。

【案例】

"弹簧腿"李月久的国家体操情结①

李月久,原中国体操运动员,辽宁营口人,祖籍在山东。李月久雅号"跟头王""弹簧腿",独门绝技"侧空翻转体 90 度接前滚翻",该动作被国际体联命名为"李月久空翻",是第一个以中国运动员命名的体操动作。李月久以刻苦训练、顽强拼搏、朴实简单闻名体操界,当年的体操队曾一度学习"月久精神"。

1981 年,李月久在第二十一届莫斯科世界体操锦标赛上获得自由体操冠军,这是中国体操运动员第一次在世锦赛中获得该项目的冠军。1983 年,黄玉斌、李月久与队友一起,首次捧起世锦赛男子团体冠军。1984 年 10 月李月久退役,赴加拿大学习英语,同时担任加拿大国家体操队教练。1986 年结婚,后与妻子吴佳妮一起赴美国拉斯维加斯当教练。李月久曾经多次获得殊荣,1981 年和 1982 年两次获得"全国十佳运动员"称号,四次获国家"体育运

① 作者根据相关材料整理。

动荣誉奖章”，获辽宁省劳动模范称号，并且在 2014 年被国际体操联合会选为国际体操名人堂成员。

2004 年 11 月中旬，李月久带领一个由 40 多人组成的美国体操俱乐部代表团来华交流，显示出了极高的训练水平。随后，体育总局体操运动管理中心主任高健拨通了远在大洋彼岸的爱徒李月久的电话，邀请他回国任教。李月久心念报国恩与师恩，当即答应了师傅的邀请。12 月 24 日，体操中心向国家体育总局递交的书面申请获得批准，同意李月久回国执教。就这样，离开中国体操队 20 年之久的李月久，放弃月薪 4 万美元的待遇，放弃照顾患风湿病的妻子吴佳妮，放弃大女儿参加北京奥运会的机会，毅然决然地来到中国体操队。李月久回国执教的时候，小女儿安迪只有三岁，吴佳妮一个人带着两个孩子独自一人在美国。

李月久被正式任命为管理人员兼教练，同时享受领队待遇，并成为中国体操队队委会成员之一，负责为中国体操队掌握训练方向，调节各种事务，负责心理辅导，出谋划策。由于是美国籍，不能有任何职务，因此只能以“外国专家”的身份在管理方面协助领队抓服务，在训练方面协助男女队主教练做方案。简而言之，就是“协助”。李月久回国执教后的首要任务，是协助陆善真对整个队伍进行训练设计，将美国、罗马尼亚两国的先进体能训练手段引入女队，帮助女队重振旗鼓。此外，他还和领队叶振南、副领队张佩文一起，参与队伍的日常管理和教育工作。

回国后，李月久把自己 20 年来积累的先进训练经验和理念全盘移植到中国队。比如在训练中“多表扬，少批评”，提高队员的自信心；在训练结束后不问练得好不好，而是问“练得开心吗”……他把自己在美国当老板获得的管理经验、当教练获得的训练经验都毫无保留地带到了中国队。队员们反映，李指导人缘特别好，非常善于与队员、教练沟通、聊天，不断把了解到的问题反映到中心、队里，很多女队的小队员都叫他“爹地”。

第四节 教练员核心竞争力形成的外部环境

一、运动队的团队文化

所谓“团队”，就是由少数有互补技能，愿意为了共同目的、业绩目标和方法而相互承担责任的人组成的群体。[①] 团队文化是团队成员在长期互相协作、完成任务的过程中形成的共同价值观、共同目标、工作方式、行为准则和管理制度等的一种集合体。[②] 相关研究表明，团队文化影响到团队绩效。近些年，我国学者对竞技体育优势项目或运动队进行了深入研究。研究普遍认为，奥运优势项目或运动队在长期的发展中，形成了相应的特色以及独特的发展路径，并且最终形成了独特的项目文化观和运动队团队文化，而这种项目或团队的特质文化是其他项目所无法模仿的优势。这是项目发展中文化传承的核心，亦反映了一个项目组织群体的品格，一旦形成便具有稳定性、继承性和创新性，从而推动或保持着项目优势的发展。

作为运动训练的重要主体——教练员，无疑将承载着运动项目文化的传承与发展任务，体现了文化的增值现象。从另一个角度看，教练员又是运动项目文化的受益者，运动项目文化为教练员竞争优势的提高或核心竞争力的形成奠定了良好的人文环境和精神动力。毕竟，在良好的项目文化熏陶下，教练员对所从事运动项目的价值观念、态度和信仰将更加深刻，能够更好地理解项目发展的目标，进而达成对自身职业价值的追求。同时，良好的团队文化

---

① 参见陈春花、杨映珊:《科研团队运作管理》，科学出版社 2004 年版，第 32 页。

② 参见薛继东:《团队文化的界定及其研究进展》，《中国市场》2011 年第 13 期。

有利于教练员核心竞争力形成所必需的资本，有助于锤炼教练员的教练技术，提升教练员的社会责任表现水平等。

二、运动项目的技术环境

现代管理理论认为，技术环境是指一个国家和地区的技术水平、技术政策、新产品开发能力以及技术发展动向等。其中，技术政策是对新技术项目进行全面的审查、测试、评价并作出确切结论的活动。国内运动训练理论认为，运动项目的技术环境是指运动员所从事运动项目的整体技术水平。可见，运动训练学所探讨的"技术环境"仅是现代管理理论所主张的一小部分。借鉴、引申管理学理论对技术环境内涵的界定，运动项目的技术环境是指一个国家和地区运动项目现有技术发展水平、项目技术政策、研发新动作技术的能力以及动作技术发展方向等。

国内竞技体育的相关研究也承认，优势项目要想形成核心竞争能力，关键是培育核心技战术，有了核心技战术，才能使优势项目形成竞争优势。另外，竞技体育优势项目发展的重要特征就是把对教练员的培养视为运动队建设的核心，要具有一批以教练员为核心的优秀专业技术队伍，能主动适应技术、战术、规则，积极推动训练方法手段的不断变化。① 不难发现，这些论断强调了技术环境的重要性和教练员队伍的重要作用。但是，这些分析并没有注意到教练员所处的技术环境对教练员培养或专业发展所具有的作用，或者如何通过优化技术环境来提高教练员的核心竞争力分析非常缺乏。毕竟，教练员对运动项目技术环境的推动和环境对教练员的影响是事物的两个方面。因此，教练员所处的技术环境

---

① 参见顾春雨：《我国竞技体育优势项目的形成与演进》，北京体育大学博士学位论文，2013 年。

是教练员核心竞争力形成的一个非常重要的条件，可以通过优化技术环境提高教练员的核心竞争力。

三、运动项目发展的制度环境

制度是国家机关、社会团体、企事业单位为了维护正常的工作、劳动、学习、生活的秩序，保证国家各项政策的顺利执行和各项工作的正常开展，所制定的具有法规性或指导性与约束力的应用文，是各种行政法规、章程、公约的总称。众所周知，教练员核心竞争力的培育或提升是在特定的环境下进行的，脱离不了教练员所处的项目团队或项目发展的整体环境，必定是在一定的体育制度环境下展开活动。体育制度可分为岗位性制度和法规性制度两种类型：岗位性制度适用于某一岗位上的长期性工作，法规性制度是对某方面工作制定的带有法令性质的规定。

教练员核心竞争力的培育，不仅依靠教练员个体的积极努力，更需要运动项目乃至竞技体育制度环境的建立与完善。制度环境对教练员核心竞争力形成的影响，主要是通过对教练员的敬业精神、价值观、训练信念、训练动机以及情感等影响，引发教练员主观能动性及创造性的积极变化，进而达到培育或提升教练员核心竞争力的目的。竞技体育管理实践中，不同的政策环境和制度体系下，教练员的敬业精神、训练情感、工作状态以及社会责任意识等方面都会有不同程度的差别，这无疑会对教练员核心竞争力的培育或提升起到不同程度的作用。作为在特定的制度环境中所展开的活动，教练员核心竞争力的提升在相当大程度上取决于相应的制度安排。因此，通过制度创新，尽可能地为教练员营造一个良好的发展环境氛围，发挥制度创新在提升教练员核心竞争力中的重要作用，从而有效地调动教练员的积极性、主动性和创造性，为教练员核心竞争力的提升创造良好条件。

四、教练员的继续教育

现代社会科技迅速发展，知识总量激增，应用周期缩短，从而导致了社会产业结构、技术结构、职业结构等随之发生变化。这种变化要求从业人员重新形成的劳动力要有较强的职业应变能力和更高的智能结构，而一次性的学校教育远远不能满足这种需要，继续教育作为学校教育向终身教育转变的重要阶段，在社会的发展中扮演着重要的角色。

继续教育是指已经脱离正规教育，已参加工作和负有成人责任的人所接受的各种各样的教育。继续教育是一种特殊形式的教育，是一种高层次的追加教育。继续教育的内容是新知识、新技术、新理论、新方法、新信息、新技能，学习的目的是为了更新补充知识，扩大视野，改善知识结构，提高创新能力，以适应科技发展、社会进步和本职工作的需要。

在竞技体育领域，教练员的继续教育亦是对教练员在任职、晋升后进行拓宽、补充、更新知识，不断提高思想、业务素质和专业技术水平、职业能力的培训。① 教练员的继续教育是由于教练员在教学训练工作中仍存在着一系列自身难以解决的问题，迫切需要通过继续教育提升整体素质，提高处理问题的能力以及职业综合能力，继续教育也由此成为教练员核心竞争力的重要保障。教练员的自我发展与专业知识的获得呈显著相关关系，教练员专业知识是一种自我发展过程中动态的知识汲取过程，而并非一劳永逸

---

① 参见国家体委科教司：《体育教练员继续教育暂行办法》（体科字[1997]082 号）。

的训练知识。[1]

积极加强教练员的教育，对培育教练员的核心竞争力具有重要意义。多年来，我国体育系统非常重视教练员的培训工作，专门成立教练员人才培养组织机构，极大地保障了教练员人才成长。

2010 年 6 月，山东省体育局和山东体育学院联合发文成立山东省教练员学院，这是全国首家教练员学院，该院挂靠山东体育学院，为其二级学院，日常工作由山东省体育训练中心承担，教学任务主要由外聘专家教授和山东体育学院教师承担。

2010 年 12 月，国家体育总局教练员学院正式成立。国家体育总局教练员学院是我国教练员培训的专门机构，挂靠于北京体育大学。主要职能是承担各项目国家队、省区市优秀运动队以及各级各类体校教练员知识更新培训，教练员教育培训体系和科学管理模式课题研究等任务。

2018 年 5 月，江西省体育局与江西师范大学共建教练员学院，学院以“高端引领，师资权威，定制培养，特色鲜明”的教练员学院为建设目标，力争成为江西体育军团的“助推器”和“孵化器”以及江西省冠军教练的摇篮。教练员学院主要负责全省体育系统教练员的业务培训和退役运动员、体育专业学生转任或晋级教练员岗位的业务培训工作，承办国家体育总局、江西省体育局组织的其他业务培训等。

---

① 参见阮如琼:《影响教练员成功执教素养的构成要素研究》,《福建体育科技》2016 年第 6 期。

第四章　教练员核心竞争力的构成

关于教练员的能力，国内外学者进行了系列研究，并取得丰硕成果。相关研究认为，现代教练员应具备的必要能力很多，如学习能力、思考能力、组织能力、管理能力、预测能力、设计能力、应用能力、操作能力、发现能力、攻关能力、信息能力、提炼能力、教学能力、比赛能力、决策能力、发展能力、创新能力等。但是，这些能力中最关键或最核心能力是什么？毕竟，最关键的能力才能形成或反映出优秀教练员竞争力的独特性、整合性、延展性和动态性特征。本书在文献梳理、访谈基础上，构建了教练员核心竞争力的专业能力、领导力和发展力三个维度。其中，专业能力包括训练能力、选材能力、比赛能力，领导力包括前瞻力、感召力、影响力、决断力，发展力包括学习力、反思力、创新力。

第一节　教练员的专业能力

一、关于专业及专业能力

专业是指专门从事某种学业或职业或专门的学问。专业能力可以定义为个体将所学的知识、技能和态度在特定的职业活动或情境中进行类化迁移与整合所形成的能完成一定职业任务的能力。

二、教练员的专业能力

教练员专业方面的核心竞争能力主要包括训练能力、竞赛能力和选材能力三个方面。

(一)训练能力

“训练”包括两部分，即“训”与“练”。训，本义是用言语(贯通)使人心思如河流般流淌顺畅，从“言”从“川”，“言”指“劝说”，“说教”，“川”本指“归向大泽大海的水流”，“言”与“川”联合起来表示“用言辞劝教以使归于”。“训”的引申义是用成文规范或先例进行说教、教导。“练”，有反复学习、多次操作之意，可以理解为一种具体的实践活动。教练员要实施“训”则必须具备或掌握“典范、规范、前人践行成功的成果”，教练员的训练能力是建立在教练员具备专业理论、专业知识、专项技术等基础上。

教练员是否具备良好的训练能力关乎教练员执教的成功和运动员训练水平，这也是衡量教练员核心竞争力水平的关键。教练员的训练能力是建立在教练员具备专业理论、专业知识、专项技术等基础上的综合运用能力。教练员的训练能力主要包括技术训练能力、体能训练能力、心理训练能力、训练负荷调控能力等。

1. 技术训练能力

无论哪一种运动项目，运动员掌握和完善运动动作技术都是运动能力发展的基础，亦是关键。以竞技体操项目为例，在比赛中基于评分规则的要求，在规定的器械上完成预先编排好的成套动作，并以成套动作的难度、完成情况等来评定成绩。由于体操技术训练具有运动员要熟练掌握多个(类)体操动作、强调技术的正确性和动作规格的高标准、科学安排动作学习顺序、重视保护与帮助以及重视心理因素对技术的影响等特点①,这些对教练员技术训练能力提出非常高的要求。教练员技术训练能力包括动作技术选择能力、动作技术创新能力、动作技术诊断能力等。根据动作训练过程,教练员技术训练指导能力可分为单个动作训练指导能力、联合动作训练指导能力、成套动作训练指导能力。根据动作技术的复杂程度,教练员训练指导能力可以分为基本技术训练指导能力和高难动作训练指导能力。

2. 体能训练能力

体能训练是指为提高运动技术水平而进行的力量、速度、耐力、柔韧、灵敏等运动素质的训练。随着运动项目的迅速发展,对运动员的体能提出了更高的要求,体能已成为运动员取得优异运动成绩的重要保证。以竞技体操项目为例,教练员在指导运动员进行体能训练时,一般突出体能训练的专项性和针对性,教练员在设计或选择体能练习手段和方法时,要尽量使训练方法、手段在动作结构、时空特点和肌肉用力方式等方面与专项的动作技术相近或一致。重视采用单项的基本动作和一般难度动作作为训练内容和手段,但是一定要严格按照动作的技术要领去做,并达到一定的规格和质量;训练方法手段的选择要具有针对性,以确保训练效果;要结合运动员所处的年龄、训练时期等,科学安排体能训练任务以及选择训练方法。

3. 心理训练能力

运动员心理训练是指有意识、有目的地对运动员的心理过程和个性心理特征施加影响的过程。其目的是培养和发展运动员在紧张的比赛和训练中所必需的心理品质及个性心理特征,使运动

① 参见俞继英等:《竞技体操高级教程》,人民体育出版社 2000 年版。

员学会控制和调节自己的心理状态，争取在比赛中长时间保持最佳竞技状态。国内外的研究及实践证明，心理训练对改善运动员的心理过程，提高心理活动水平，提高运动员心理负荷的承受能力，提高心理状态的稳定性，促进运动员动作技术的掌握，从而保证最佳竞技水平的获得与发挥有着十分重要的作用。

教练员在实施心理训练时，一是要充分了解运动员的个性，掌握必要的心理训练知识；二是要善于观察，及时诊断。掌握运动员个性心理特征和心理训练知识是基础，在训练或比赛期间针对运动员出现的心理问题能否进行心理训练，则依赖于教练员的观察和诊断。作为教练员要善于捕捉运动员心理的微小变化，寻找关键问题，并作出快速诊断与反馈，提出心理训练的重点。三是强调情境，重视体验。运动员的心理素质往往在特定情境中才能表现出来，在心理训练时，务必做到训练情境与真实情境越接近越好。因此，可以通过改变比赛条件、加强干扰、教育引导等多种形式进行。另外，心理训练强调体验，即主要通过实际体验来进行训练。心理训练不是单单讲道理，而是让训练者去直接体验。这是心理训练和道德教育、心理咨询的区别之一。

4. 训练负荷调控能力

运动负荷的调控是训练中的一个十分重要的内容。训练负荷调控是指在训练中根据训练任务和运动员水平，逐步且有节奏地按照人体机能适应规律，有目的地对运动负荷进行调节，以求达到最佳训练效果，取得优异的运动成绩。作为教练员，要充分掌握全年训练负荷、训练周和训练课负荷特点，进一步安排负荷。

（二）选材能力

选材是指直接或间接地将被选者运动才能的天赋测定出来，并根据测试结果分析、预测其未来的竞技能力。科学选材是现代运动训练的一个重要组成部分，作为教练员必须具备运动员选材能力。

以竞技体操项目为例，作为教练员要想做好选材工作，既要考虑到人体生长规律、人类遗传学原理和人类生存环境，又要考虑到体操项目技术特征、优秀体操运动员模式和运动员身体条件补偿的可能性，并且顾及运动员的先天因素、内在因素和潜在因素等。在选材方法上，既要借助于经验选材法，运用过去体操选材的成功经验来评价、预测选材对象，又要重视采用科学的测评手段、通过客观测定的指标数据或结果对体操运动员进行选材。选材的内容包括体型选材、心理选材、体能和技能选材等，尤其在技能选材上既要考虑到运动员技术的合理性、技术的稳定性、技术的全面性和技术的先进性等运动技术质量，又要考虑到运动员所掌握的体操项目动作技术的总量以及技术学习能力。

(三)比赛能力

比赛能力亦叫“比赛指挥能力”，是教练员战术谋略的综合反映。它取决于教练员的观察、分析、判断与决策能力，亦取决于教练员的知识、阅历与勇气，同时还取决于教练员比赛行为的调控技能。优秀体操教练员比赛指挥能力决定着比赛指导思想、战略、战术运用及运动员比赛行为的控制等，由此意味着运动员比赛的成败。竞技体育比赛所追求的重要目标之一就是在比赛中获胜或取得好的名次，教练员也必须具备这种能力才能达到上述目的，才能成为“金牌教练”。教练员的比赛指挥能力主要由战术运用能力、心理调控能力构成。

1.战术运用能力

战术运用能力包括战术研究及运用的能力。教练员要在对运动项目比赛规律研究和“敌情”分析的基础上制订出周密的战术方案。首先，教练员要合理运用心理学，把握运动员的性格特点，不断激发运动员顽强的战斗意志，将竞赛场上的精、气、神结合到一起，不断巩固和强化全队的凝聚力。其次，教练员要注重集体运动中核心队员的培养,建立团队的信任机制。核心队员在竞赛中能领导全队作战思想,将教练员的指挥意图贯彻到竞赛中,是集体运动项目竞赛的中坚力量。教练员要提高核心队员的技战术的稳定性、心理素质水平,相信其能带领团队取得最后的胜利。

战术的运用能力依赖于教练员信息获取能力。随着竞技体育进入全方位的立体化时代,教练员竞赛的计划、策略、指导思想等方案的确立,都需要各种信息作为支撑。竞赛场上瞬息万变,及时、快速地获取量大质优的信息,对于活跃在竞技体育领域的一线教练员来讲是最为关键的制胜因素。[①] 运动员自身状态、竞技规则动态及对手信息常态等各种信息的获得,直接影响到教练员竞赛计划与目标的实施。教练员在制定竞赛策略前,需通过各种途径掌握和了解最新、准确、可靠的信息,做到心中有数。审时度势,明察对手,使以己之“长”战彼之“短”,达到“知己知彼,百战不殆”的最优境界。

2. 心理调控能力

对于个人运动项目,要进行技术、战术、心理及运动智能全方位指导。个人运动项目顾名思义就是由一名运动员独立参与竞赛活动,目标的取得完全靠个人的竞技能力水平的高低。这样教练员可以专心为运动员提供服务,因此教练员在个人运动项目竞赛中更像是一个“父母”的角色。教练员不仅仅对其进行技战术的指导,而且还要进行心理、运动智能方面的引导。要针对运动员的自身特点,权衡主客观因素,制定个性化的参赛方案。尽量满足运动员提出的要求,在竞赛的过程中运动员要经历复杂多变的心理过程和体验,需要不断地调节心理状态,教练员要有意识地训练运动员的自身控制能力,保持稳定的参赛情绪,做好心理辅导工作。加

---

① 参见秦曼:《教练员信息需求状况与特征》,《上海体育学院学报》2010 年第 4 期。

强对运动员荣誉感和责任感的培养，激发战胜困难和挑战的信心，使其端正比赛态度，明确比赛任务。教练员要在理论知识的指导下，根据不断变化的竞赛情境，实事求是、灵活应变地给予运动员合理的技战术帮助。

第二节　教练员的领导力

一、关于领导与领导力

（一）“领导”概念及特征

所谓“领导”是领导者在特定的情境中吸引和影响被领导者与利益相关者并持续实现群体或组织目标的过程。[①] 所有的领导活动都要涉及领导者和被领导者两类个体或群体，其中，领导者通常主动地去影响被领导者的动机、态度和行为，被领导者通常是被动地接受领导者施加的影响，但有时也会采取主动，迫使领导者改变其行为和策略。

领导者必须掌控足够的资源和能力才能对被领导者施加影响。作为主动施加影响的个体或群体，领导者必须具备创造力、前瞻力、沟通力、决断力、协调力、权力等各种领导能力并能够控制和支配足够的资源。领导者的领导力通常决定着他们的领导效果。

被领导者只有在认为领导者施加的影响是必需的、合法的、合理的或有利的情况下才会接受这种影响。被领导者拥有接受或拒绝领导者影响的权利，这种权利也直接决定着领导者的命运及其领导成效。

---

① 参见中国科学院科技领导力研究课题组:《领导力五力模型研究》,《领导科学》2006 年第 9 期。

领导是实现组织目标的过程。在这个过程中，常常是领导者确定目标或主导目标的设立，被领导者根据领导者的意图和要求实现目标。组织目标规定了领导过程的方向。

领导过程、领导活动和领导行为都是在一定情境中展开或进行的。笼统地讲，情境是指领导过程的内外部环境，有学者把领导情境进一步细分为任务情境、组织情境和环境情境。

（二）领导力与领导的关系

关于领导力，美国学者贝斯纳（Bennis）认为领导力是把愿景转化为现实的能力；美国学者贾伯曼（Chapman）和奥尼尔（O'neil）认为，领导力就是影响别人的能力，尤其是要激励别人实现那些极具挑战性的目标；美国学者库泽斯（J. Kouzes）和波斯纳（B. Posner）在《领导力》一书认为，领导力是领导者如何激励他人自愿地在组织中作出卓越成就的能力。[①] 领导力是支撑领导行为的各种领导能力的总称，其着力点是领导过程；换言之，领导力是为确保领导过程的顺利进行或者说领导目标的顺利实现服务的。[②]

领导与领导力具有以下关系：领导力与领导密切相关，领导力是领导过程中形成、发展并服务于领导过程的能力的总称；领导力不同于领导，领导是指一个过程或一种行为，而领导力是指实现这个过程或胜任这种行为的能力；领导力不仅仅是指领导者的能力，在逻辑上也包含被领导者的能力，从某种意义上讲，领导力是领导者的吸引力和影响力与被领导者的选择力和反作用力互动形成的

---

① 参见[美]库泽斯、波斯纳：《领导力》，李丽林、张震、杨泽东译，电子工业出版社 2009 年版，第 55 页。

② 参见中国科学院科技领导力研究课题组：《领导力五力模型研究》，《领导科学》2006 年第 9 期。

合力；领导力是最重要的组织资源和核心竞争力之一，领导力在很大程度上决定着组织目标能否实现以及组织目标实现的程度。

二、教练员的领导力

结合领导及领导力概念的分析，教练员的领导力必须具备如下能力：一是前瞻力。对应于群体或组织（如运动队）或个体（如运动员）目标的目标和战略制定能力（前瞻力）。二是感召力和影响力。对应于或来源于被领导者的能力，包括吸引被领导者（如运动员、管理人员、科技服务人员）的能力（感召力）及影响被领导者和情境的能力（影响力）。三是决断力。对应于群体或组织（如运动队）或个体（如运动员）目标正确而果断决策的能力。

（一）前瞻力

前瞻力从本质上而言是一种着眼未来、预测未来和把握未来的能力。相关领导学的研究中，库泽斯和波斯纳把领导前瞻力概括为“描绘梦想和愿景的能力”，具体包括以下内容：(1)确定组织的目标；(2)共启“愿景”或者说整合追随者和利益相关者的愿景；(3)了解组织的发展历史；(4)了解组织外部宏观环境的发展趋势和规律；(5)掌握“愿景”和未来规划等方面的知识。

教练员的前瞻力就是教练员规划运动队、运动员以及教练员个体未来的能力。从理论层面分析，教练员的前瞻力是由教练员的战略理念（如教练员根据项目发展特点，制定运动训练计划、运动员动作技术发展、运动队发展规划乃至项目发展规划等）、运动队或运动员长期“愿景”、利益相关者（如运动员、项目管理人员等）的期望和目标整合、国内外项目宏观环境发展趋势、项目发展规律、运动队的文化、教练员专业发展等要素构成的。教练员的前瞻力往往要根据教练员在项目中所处的层级、角色等确定。

(二)感召力和影响力

感召力是指一种不依靠物质刺激或强迫,而全凭人格和信仰的力量去领导和鼓舞的能力。感召力是教练员最本色的领导能力,是教练员吸引运动员、管理人员、科技人员等利益相关者的能力,是教练员通过不断地完善自身而形成的一种独特的魅力。教练员的感召力主要来自于以下方面:一要有远大的理想或愿景、坚定的信念、对未来的梦想等;二要有远见,能够看清运动员或运动队未来的发展方向和路径;三要有人格魅力,具备可靠、随和、情绪稳定、自信等特质;四要能力强,有着丰富的训练管理经历;五要充满激情,愿意和希望迎接挑战,能够带领运动员或运动队实现高远的目标。

影响力,就是一个人在与他人的交往中影响和改变他人心理与行为的能力。这种能力越强,领导者的领导力就越强。影响力可以分为权力性影响力和非权力性影响力两种。① 权力性影响力又称为"强制性影响力",它主要源于法律、职位、习惯和武力等。权力性影响力对人的影响带有强迫性、不可抗拒性,它是通过外推力的方式发挥其作用。在这种方式作用下,权力性影响力对人的心理和行为的激励是有限的。与权力性影响力相反的另一种影响力是非权力性影响力,也称"非强制性影响力",它主要来源于诸如领导者个人的人格魅力,来源于领导者与被领导者之间的相互感召和相互信赖。构成非权力性影响力的因素主要有品格因素、才能因素、知识因素、情感因素。

就教练员的影响力而言,是指教练员用一种为运动队团队尤其是运动员所乐于接受的方式,改变团队成员的思想和行动的能力。优秀教练员的影响力主要体现在对所执教队员的影响以及受其他运动员的关注、欢迎程度,在某种意义可以理解为教练员在团

① 参见刘炳香:《论领导影响力》,《理论学刊》2003 年第 6 期。

队中所具有的威慑力、感召力、人格魅力和他人的信赖，是教练员地位、品格、才能、知识、情感以及对运动员发展的责任心的综合体现，也是教练员素质的核心和精髓。良好的、强力的影响力是优秀教练员成为运动队的灵魂人物，以及塑造具有凝聚力、战斗力队伍的关键，同时也是影响教练员的“追随者”（如运动员）与“传教士”（宣传教练员运动训练战略、计划等方面的人物）多寡以及教练员可持续发展动力的核心因素。

教练员的影响力主要由权、威、势构成，其函数关系如下：

$$影响力=(1+权)\times 威\times 势$$

其中：权＝f(权力取向，职权认知，用权艺术)，威＝f(德，廉，勤，才，绩，风)，势＝f(内势，外势，时势)。

在影响力函数中，权来自于各种体育组织（如体育局、项目中心）的授权，如运动员选拔权、“带训”权等，是教练员影响力的基础，是获得、运用、扩大、实现教练员影响力的基本条件。只有实际掌握这些基本权力，才能够合法运用组织权力，作出决策。如果说权力是教练员影响力的硬件，那么威和势则是构成教练员影响力的软件。威是指威信和声望，主要来自于个人素质，是教练员影响力的核心，是教练员凭借自己的品德、才能、知识、情感等个人素质释放出来使其他人员尤其是运动员产生自觉自愿追随的能力。它既是一种促使他人服从的力量，也暗含着发自运动队内包括运动员、科研人员等的内心的信服、认同和追随的情感。势主要来自教练员的管理艺术，是教练员影响力的重要支撑，是环境对其支持的程度。在威函数中，威的自变量包括着品德、廉洁、勤奋、才能、业绩和作风，它们共同影响着教练员的威望，这是获得运动员乃至其他教练员主动追随的系统因素。在势函数中，势的自变量包括内势、外势和时势，它们共同给教练员影响力的实现提供了舞台和保障。内势是教练员通过处理运动队内的人际关系所营造的支持度，如和其他教练员、科研人员、运动队或项目管理者的关系，外势是通过处理运动队或运动项目系统以外的人际关系（如和其他运动队或上级领导等的关系）所形成。

（三）决断力

决断力是指在一定的时空情景和资源条件下，教练员综合权衡决策风险、决策收益和决策时机，对所要达成的目标和方案作出的选择判断过程。在运动训练与比赛中，教练员充当整个运动训练团队的领导者和控制者，是培养运动员和提高运动技战术水平的主导因素，教练员对运动员的竞技表现、训练满意度乃至运动生涯都有着至关重要的影响，这些工作无疑体现出教练员的决策能力。教练员的决策能力是指教练员对运动训练过程中出现的问题或事件拿主意、做决断、定方向的领导管理效绩的综合性能力。教练员的决断力包括四个基本要素，即决断目标、决断环境、决断时机、决断资源，这四个要素就是优秀教练员在决断时必须考虑的问题。“决”是指运筹，是对目标及其行动方案的寻找、提出和分析论证过程；“断”则是对目标及其行动方案的选择判断过程。

第三节 教练员的发展力

一、关于发展力

发展力，又称作“成长力”。成长力理论是近年来西方管理学界最新提出的理论，它最早由美国的保罗·托马斯提出，随后迅速风靡于企业界。成长力理论认为，成长是一种创造性的行动，是有纪律的相互影响的流程，它能把企业内各个不同部分整合起来，协调一致地提升营收，是持续获利的能力。

企业成长力是一个综合性的概念，是指企业在动态环境下，以创造最大社会价值并获取企业持续成长为经营理念，以一定的资源为基础，持续获利并实现量的扩张和质的提高的能力和潜力。从静态上看，企业成长力是对企业成长状态和潜力的描述，可以用来测度企业的成长状况；从动态上看，它不仅是对企业现有状况的反映，还能预示企业未来的发展状况，是企业发展过程的动态表现。

但是，国内外学者对企业成长力并没有形成统一的认识，对其内涵在表述上也各不相同。综观学者们对企业成长力的解释主要包括以下几种：

（一）从能力角度

托马斯认为企业成长力是指企业持续获利的能力。① 拉塞尔认为企业成长力是指企业持续取得获利型营收成长的能力。② 黎志成、刁兆峰认为企业成长力是指企业在一个较长的时期内由小到大、由弱变强的不断变革与发展的能力。③

（二）从力学角度

黎志成等认为企业成长力是指企业在未来一段时间内实现“量”的扩张和“质”的提高的能力和潜力，是指企业成长的促进力（动力）和抑制力（阻力）的合力所可能产生的推动企业发展的能

---

① 参见李柏洲、孙立梅：《论企业成长力与企业竞争力的相互关系》，《科学学与科学技术管理》2004 年第 11 期。

② 参见李柏洲、孙立梅：《论企业成长力与企业竞争力的相互关系》，《科学学与科学技术管理》2004 年第 11 期。

③ 参见黎志成、刁兆峰：《论企业成长力及其形成机理》，《武汉理工大学学报（信息与管理工程版）》2003 年第 5 期。

力、能量和发生的作用。①

(三)从企业成长因素角度

李柏洲等认为企业成长力是指企业通过改善企业组织、整合企业资源、不断适应外部环境变化,使其在未来一段时间内实现资产增值,达到整体扩张态势,并形成一定抵抗外部环境风险的能力。②

关于人的成长力,享誉全球的领导力大师、演说家与作家约翰·麦克斯韦尔在其所著的《个人成长力15法则》中指出:个体要想成长必须有明确的意图,必须了解自己,要有自己的方向感、兴趣与目标;要认识到自己的价值,能够自我反省与反思;具有自我意识,要清楚自己的责任、追求和期望;要有好奇心、规划;等等。③在国内个体成长力的研究主要集中在教师群体,教师专业成长力是由精神力、学习力、执行力等构成的一个力系。④

二、教练员的发展力

教练员是一个需要经过专门的教育、培训、学习,并且要在整个教育生涯中积累经验、不断学习发展的职业。教练员的发展力主要包括学习力、反思力和创新力等。

---

① 参见黎志成、刁兆峰:《论企业成长力及其形成机理》,《武汉理工大学学报(信息与管理工程版)》2003年第5期。

② 李柏洲、孙立梅:《论企业成长力与企业竞争力的相互关系》,《科学学与科学技术管理》2004年第11期。

③ 参见[美]约翰·麦克斯韦尔:《个人成长力15法则》,刘智玮、吉菁译,金城出版社2012年版,第22页。

④ 参见龙宝新:《论教师专业成长力》,《教育发展研究》2011年第8期。

(一)学习力

学习力是一个人或一个企业、一个组织学习的动力、毅力和能力的综合体现，也即学习力是由学习的动力、学习的毅力和学习的能力三个要素组成。学习的动力体现了学习的目标；学习的毅力反映了学习者的意志；学习的能力则来源于学习者掌握的知识及其在实践中的应用。[①] 学习力是本质的竞争力，学习力是把知识资源转化为知识资本的能力。关于学习力的构成，因研究的视角不同，导致各学者对其构成要素的说法不一，较为典型的有以下几种说法：

1. 四要素说

英国布里斯托尔大学克拉克斯顿(Guy Claxton)教授首先提出了学习力构建的四个要素，即通过四种行为所表现出来的四种力量(4R)：顺应/顺应力、策应/策应力、反省/反省力、互惠/互惠力。[②]

2. 七要素说

英国 ELLI 项目以克拉克斯顿教授的开拓性研究为基础，后经过深层次研究丰富了学习力的构建要素，并在语言表达上作了精确定义，它们分别是变化和学习(changing and learning)、关键好奇心(critical curiosity)、意义形成(meaning making)、创造性(creativity)、学习互惠(learning relationships)、策略意识(strategic awareness)、顺应力(resilience)。该项目认为，这七个要素是相互依赖、相互促进的关系，属于同一事物的不同方面，其中一个或者两个要素获得发展，其他要素及个体的学习力水平亦能获得

---

① 参见应方淦：《论研究生学习力的培养》，《学位与研究生教育》2008 年第 2 期。

② Guy Claxton, *Learning Power*: *Helping Young People Become Betters*, TLO Limited Bristol, 2002, p. 5.

一定程度的提升。[①]

3. 综合体说

美国哈佛大学柯伟林（W. C. Kirby）教授在长期的教学实践中丰富了学习力的内涵，并出版专著《学习力》。他认为学习力应该是包括学习动力、学习态度、学习方法、学习效率、创新思维和创造力的一个综合体。此外，学习力还包括兴趣、好奇心和创造等非智力因素。[②]

4. 六要素说

我国教育专家余建祥在长期的研究实践中，提出了“六要素说”，他认为学习力主要包括学习方法、学习动力、时间管理、学习习惯、学习心智（情商管理）、学习意志六个要素，这六个要素既互相关联又相对独立，任何一个要素的改善都会促进学习能力的改善和提升。

普拉哈拉德和哈默尔最初在定义核心能力时也认为核心能力是“组织内部的积累性学习”[③]。在新竞争时代，组织竞争优势的一个突出表现就是组织的学习力，学习力是开拓新的竞争优势的根本。可以说，与组织知识密切相关的知识学习力决定了组织的知识积累，从而决定了组织的竞争优势。核心能力与组织学习和内部协调联系越多，竞争对手模仿就越困难。因此，组织学习与核心能力是密切相连的概念。

人的能力来源于学习，教练员能力的产生和提升也依赖于学习。通过学习可以增加教练员的知识量，提高教练员的知识层次、完善其知识结构，使教练员获得新的价值观、新的理论、新的管理方法、新的技术和满足创新需要，以便更好地适应环境、迎接未来

① 参见 http://www. building learning power. co. vk/how. its done. html.

② 参见［美］柯伟林：《学习力》，金粒译，南方出版社 2005 年版，第 45 页。

③ ［美］普拉哈拉德、哈默尔：《自由竞争的未来：从用户参与价值共创到企业核心竞争力的跃进》，于梦瑄译，机械工业出版社 2018 年版，第 80 页。

竞争。教练员的学习有利于打破固有僵化的专项训练比赛心智模式,创造新的适于竞争需要的心智模式。相关研究成果表明,掌握丰富的训练理论和方法是决定教练员是否优秀的重要因素①,持续、主动地获取知识是我国教练员必须进行的活动之一,也是提高教练员工作绩效和区分教练员水平高低的主要标志之一。在全球科学技术加速发展的今天,竞技体育越来越依靠训练技术、训练方法、训练手段、场地器材等方面的高科技化,某些项目对于高科技的依赖达到了空前的程度。教练员要想在其所从事的运动项目中有所作为,形成自己的竞争力,就要积极顺应这一发展趋势,主动利用各种条件、机会加强学习,从而在学习中不断获得专业知识,提高解决问题的能力,做到求知、做事与发展。教练员的学习是执教过程中不断获取信息和知识的过程,是把握项目特征与训练规律,获取先进训练理念与方法,提高个体思维判断能力的重要途径,直接影响着教练员竞争力的形成,这也是衡量和决定教练员竞争力的非常重要的指标。

教练员个人学习力有以下几个重要特征:(1)主体性,是指教练员个体自觉、自愿地去学习,是教练员主体积极富有创造性地去学习,而不是对知识、信息简单地吸收。教练员学习力的形成,教练员个体本身的努力是内因,教练员培训则是外因。教练员培训要激发个体已有学习力与现实学习需要的矛盾,以强化个体努力提高学习力的内因。(2)及时性,教练员要在最短的时间、以最快的速度学习到新的知识,获取新的运动训练信息。(3)创造性,教练员学习的最终目的是推陈出新、吐故纳新、融会贯通,把所学知识运用于运动训练领域,做到运动训练的创新。

---

① 参见王芬、李佑发:《国家级教练员岗位培训的现状调研与对策》,《北京体育大学学报》2007 年第 7 期。

(二)反思力

“反思”是近代西方哲学中广泛使用的概念之一。它具有三种含义:一是“反复思考”,即深思、沉思、审慎思考;二是指“反身思考”,即主体以自身(自身的经验、行为或自身的身心结构等)为思考的对象,它区别于主体对自身以外的客体的思考;三是指“返回去思考”,即对已经发生或完成的事件、行为或生活经历的思考。反思与行动密不可分,“反思不同于冥思苦想,不是哲学上那种动脑不动手的沉思,而是跟行动密不可分”①,反思是在行动中对行动和为了行动的反思。为此,美国马萨诸塞理工学院的舍恩教授(Donald Schon)提出了“行动中反思”和“行动后反思”两个概念:“行动中反思就是个体有意识地或潜意识地、不断地对与以往经验不符合的、未曾预料的问题情境的重新建构。行动后反思是个体对已经发生的行为的回顾性思考,其中也包括对行动中反思的结果与过程的思考。”②

1. 教练员反思的价值

教练员的反思是指教练员在运动训练过程中对自己的训练管理行为及其效果进行审视、分析和反省的过程。反思对教练员专业发展、资本获得以及责任担当等具有重要启发和指导意义。一是教练员实践知识的形成与发展不仅需要外部的支持条件与环境,更需要源于教练员内部的行动反思。教练员通过“行动—反思—行动中的认识—再行动”的循环来进行学习。教练员的实践知识因其特有的个性化、情境化、开放性和探索性特征,要求教练员通过自我实践的反思和训练才能得到确认,仅靠他人的给予是

---

① 靳玉乐:《反思教学》,四川教育出版社 2006 年版,第 33 页。

② 申继亮:《教学反思与行动研究:教师发展之路》,北京师范大学出版社 2006 年版,第 46 页。

不可能获得的，一个成功的教练员总是主动地反思。可以说，行动反思是教练员实践知识生成的内在机制。二是教练员在运动训练实践中会遇到很多具体的教育训练问题，这些问题是很难找到普适的、确定的解决策略的，教练员要运用教育智慧，根据具体的运动训练情境选择好的教学策略。三是行动反思有助于培养教练员解决问题的能力。行动反思包括在运动训练活动中的反思和对运动训练活动自身的反思。运动训练活动中的反思要求教练员要接触运动员的真实言行或感受，及时捕捉并回应运动员的困惑，帮助他们将对问题的自发性理解与权威理论联系起来，在理论的指导下解决他们的困惑。对运动训练自身的反思是借助语言和符号进行的行动后的反思。优秀教练员往往具有非常强的反思能力，能根据运动员的生理心理特点、年龄和动作技术等审视和反省运动训练过程，并积极纠偏。自我反省是教练员成功执教素养提高的不可或缺的要素，也是教练员迈向成功的必备素养。

2. 教练员反思的特征

教练员反思的特征主要表现为实践性、针对性、反省性、有效性和过程性。

(1)实践性，是指教练员训练效能的提高是在其具体的实践操作中。(2)针对性，是指教练员对自我“现行的”观念、方法、行为等的解剖分析。(3)反省性，是指教练员对于自身实践方式和情境，立足于自我以外的多视角、多层次的思考，是教练员自觉意识和能力的体现。(4)时效性，是指教练员对当下训练管理过程中存在的非理性行为、观念的及时觉察、纠偏、矫正和完善，意在可以缩短教练员成长的周期。(5)过程性，是指具体的反思是一个过程，要经过意识期、思索期和修正期。另外，教练员在整个职业成长中要经过长期不懈的自我修炼，才能成为一名优秀教练员。

3. 教练员反思的基本条件

教练员进行有效反思，需要具有反思意识、相关知识、责任感、反思策略和合作环境等。

(1)反思意识。反思意识是反思能力的前提条件,反思意识是指教练员在运动训练实践中反思的意向和愿望。有反思意向才能发展教练员的反思能力。(2)相关知识。相关知识(专业知识和经验知识)是教练员进行反思的基础,没有扎实、丰富的知识,反思过程中的检查、评价等环节就失去了依据,反思也就无从谈起,反思效果将大打折扣。(3)责任感。责任感是反思的动力,一个对教练职业或工作没有热情的教练员是很难关注与自己的训练相关的信念和行为的。杜威认为,反思性行为是对任何信念和实践进行积极的持续的和仔细的考虑的行为,虚心、责任感、全心全意是反思性行为的有机组成部分。可见,一个具有责任感、对训练投入极大热情的教练员,才会建立起反思能力。(4)反思策略。反思策略是指反思的技能技巧,包括教练员在运动训练或日常生活中敏锐地感知及搜集运动训练信息的能力,对理性和感性材料的理解、推理、判断的能力,对探究结果的价值判断能力,对未来运用前景的预计能力等。(5)合作环境。合作环境是反思能力发展的外部条件。反思是个性化的意识活动,但意识的产生离不开社会实践。运动训练实践是一种社会实践活动,活动参与者包括教练员、运动员、科技服务人员等。因此,反思能力离不开一个合作的团队,在这个团队中相关人员相互支持、相互启发,促进反思能力的提高。

(三)创新力

创新是指以现有的思维模式提出有别于常规或常人思路的见解为导向,利用现有的知识和物质条件,在特定的环境中,本着理想化需要或为满足社会需求,而改进或创造新的事物(包括产品、方法、元素、路径、环境),并能获得一定有益效果的行为。创新是竞技体育发展的动力,每一项世界纪录的产生、每一个奥运冠军的产生都隐含着教练员、科技人员等的创新。教练员的创新能力很大程度上决定着其核心竞争力，其创新能力主要由以下几种要素构成：

1. 创新思维

思维是人脑对客观现实概括的、间接的反映，它反映的是事物的本质和事物间规律性的联系。创新思维，亦即有创见的思维，是通过思维不仅能揭示事物的本质，而且能在此基础上提出新的、建设性的设想和意见，是创新的核心。创新思维强调开拓性和突破性，在解决问题时带有鲜明的主动性，这种思维与创造活动联系在一起，体现着新颖性和独特性的社会价值。

创新思维是创新人才的智力结构的核心，教练员的训练思维是教练员对运动训练主客体、训练内容及训练方法与手段等要素之间相互作用、相互联系的内在理性活动，这种理性活动反映了教练员对所从事项目运动训练规律的认识与把握，更多地体现出教练员的一般性训练思维能力。实际上，教练员要想在训练中寻求突破，求得发展，取得优异成绩，就需要具备创新思维，这样才能更好地从特定的时空条件去思辨、定位以及采取行动，发现新的训练方法与措施，改进或突破陈规，开辟运动训练的新途径。

我国不少的优秀教练员都具备这种思维能力。譬如，中国优秀体操教练张健、高健、杨明明、黄玉斌等，紧跟国际体操规则的变化，准确把握技术发展的趋势，及时修正和调整训练指导思想，大胆创新，通过推理、移植、嫁接、纳谏等方法，不断为运动员设计新的技术动作，使"李宁交叉""李宁回环""楼云空翻""楼云吊环""李小双十字""李小鹏跳""李小鹏挂"等一个个以创新者命名的动作出现在体操规则的难度表上，成为我国体操发展史上的里程碑。

2. 必要的资本

教练员的创新能力并非空穴来风，而是充分利用教练员的文化资本、社会资本等产生的。因此，资本是教练员创新能力的基础。教练员掌握丰富的知识，才能够对运动训练有清楚而深入的了解，才能够认识到事物的本质。教练员掌握知识的丰富程度对于创新思维尤为重要，教练员所占有的知识越多，思维所能选择的信息量便越多，思维拓展的空间也越大，信息与信息之间的联系也更为紧密，联想、幻想也更容易发生，创新思维发生的可能性就越大。优秀教练员往往具有强烈的社会责任感和职业认同感，能把自己更多的精力投入的运动训练与管理过程中，能对自己的职业、事业穷尽全力，更加有利于创新。教练员的创新需要特定的外部条件，如运动队的团队文化、运动项目的技术环境、项目发展的必要制度、教练员的教育培训等，这些条件很大程度上影响到教练员的创新能力。

3. 善于利用各种环境

环境往往蕴含着各种信息，环境对一个人的发展具有重要影响。在不同时期，训练规律、技战术、规则、训练模式、器材、经验等都会产生新的变化，优秀教练员往往善于在各种环境中捕捉自己所从事的运动项目发展的信息，善于关注其他运动项目或一般训练理论中出现的新的训练理论与方法，并为我所用。同时，教练员创新思维的产生、运行与工作训练环境密切相关，良好的环境对创新思维的产生、运行起到正向的保障作用。

4. 善于创新设计并应用

优秀教练员往往善于在训练、技战术、管理等方面进行创新。要有勇气打破常规，敢为人先，有勇气在别人想不到的地方标新立异，有勇气冒犯权威，无视他人的冷漠和质疑。

第五章　教练员文化资本的积累

文化资本积累是一个动态的概念，它是文化资本持有者通过自身特殊的实践活动使得资本增殖的过程。文化资本积累具有独特的主体性特征[①]，要求拥有者必须亲历亲为，要有必要的获取过程，需要时间和精力投入。文化资本的积累又是以不同形式的资本之间的可转换性为前提，它通过其他形式的资本的消耗来补偿。因此，教练员的文化资本积累包含着获取、转化、共享等方面。

第一节　教练员文化资本的获取

一、教育培训

（一）学校教育

学校教育是指教育者按照一定社会的要求和受教育者身心发展的规律，对受教育者施行的一种有目的、有计划、有组织的传授

① 参见姚俭建、岑文忠：《文化资本的积累机制探微》，《上海师范大学学报（哲学社会科学版）》2004年第2期。

知识技能、发展智力和体力、培养思想品德的系统影响活动。[①] 文化资本理论认为,学校是文化资本存在的重要场域,学校教育是文化资本传递的重要途径,学校教育重在知识传授。学校教育具有独自的特点,主要表现为以下几个方面:

1.职能的专门性

学校是专门教育人的场所。学校教育同社会教育、家庭教育相比,其首要不同之处便是学校教育的专门性。学校教育的专门性特点主要表现在任务的专一。学校主要的使命是培养人,其他任务都是围绕着培养人来实现的。学校教育有专门教育者——教师,还有专门的教育教学设备,拥有专门进行教育的手段,这一切都充分保证了学校教育的有效性。

2.组织的严密性

教育的特点在于对人有目的、有计划地施加影响。学校教育正体现了这一特点。学校教育的目的性和计划性集中体现在严密的组织性上。学校教育是制度化的教育,具有严密的组织结构和制度。从宏观上说,学校有各级各类、多种多样的体系结构;从微观上说,学校内又有专设的领导岗位和教育教学组织,有专司思想、政治、教学工作、总务后勤、文体活动等的专门组织机构,还有一系列的严密的教育教学制度等等,是社会教育和家庭教育形态所不具备的。

3.作用的全面性

学校教育是全面培养人的活动,它不仅要关心教育对象知识和智力的增长,还要关心他们思想品德的形成以及身体的健康成长。培养塑造全面完整的社会人,是学校教育的特有职责。

4.内容的系统性

适应培养造就全面完整社会人的需要,学校教育内容特别注

① 参见苏春景主编:《教育学》,高等教育出版社2010年版,第33页。

重内在连续性和系统性。学校教育既注意知识体系，又要符合认识规律，所以教育是系统的、完整的。教育内容的完整性和系统性是学校教育的一个重要特点。

5. 手段的有效性

学校具有从事教育的完备的教育设施和专门的教学设备，如声像影视等直观教具，实验实习基地等等，都是学校教育的有效手段。这些都是保证教学顺利进行的不可缺少的物质条件。

6. 形式的稳定性

学校教育形态比较稳定，它有稳定的教育场所、教育者、教育对象和教育内容以及教育秩序等等。学校教育的这种稳定性，更有利于个人的发展。

学校教育的上述特点很大程度上保证了学校内文化资本的传递。教练员恰恰通过学校教育尤其是学校的专业教育完善了专业知识结构，丰富了资本数量，从中获得大量专业理论知识与技能、学术头衔、学历文凭等，培育、形成了个体所特有的心智和肉体的相对稳定的性情倾向(譬如教练员的素养等)，学校教育成为教练员文化资本获得的重要途径。

(二)岗位培训

岗位培训是指对从业人员进行以提高本岗位需要的工作能力或生产技能为重点的教育活动。1987 年 6 月，中华人民共和国国务院转发国家教育委员会《关于改革和发展成人教育的决定》，把开展岗位培训定为今后中国成人教育的重点。以行业为主，由中央和地方各业务主管部门组织实施。要有指导性的培训计划、教学大纲和教材。[①] 根据国家相关规定要求，我国体育系统加强教练员的岗位培训，将教练员岗位培训确定为教练员岗位入职、晋升

---

① 参见顾明远:《教育大辞典》，上海教育出版社 1998 年版，第 55 页。

职称开展的专门培训，并且强调“岗位培训工作应与教练员职称评定挂钩，职称晋升应取得相应级别的教练员岗位培训证书”[①]。教练员通过岗位培训获取了大量与专业运动训练相关的文化资本，极大地提升了教练员核心能力。目前，教练员的岗位培训表现出以下几个特点：

1. 培训管理，分级分类

教练员岗位培训分为国家级、高级、中级和初级四个级别。国家体育总局科教司负责组织、协调全国教练员岗位培训工作，举办国家级教练员岗位培训班。各运动项目管理中心负责所属运动项目高级教练员岗位培训，指导、协调所属项目中级教练员岗位培训，根据需要开展所属项目中级教练员培训工作。各省、自治区、直辖市、新疆生产建设兵团体育局负责本地区中级教练员岗位培训工作。有关体育院校、训练基地和培训机构承办培训工作。初级教练员岗位培训合格证书，由相关人员参加国家体育总局科教司组织的统一考试的方式获取。

2. 培训内容，训练理论与实践

国家级教练员培训突出训练理论、方法、手段的研究和创新，注重提升解决训练实践问题的能力；高级教练员培训重点是国内外最新的训练和科研成果，注重开拓视野，更新执教观念；中级教练员的培训重点是专项训练理论、训练方法和手段；初级教练员岗位合格考试重点是基本的训练理论知识。

3. 培训方式，定期与不定期、集中与分散培训相结合

培训采用自学、集中授课、研讨和论文答辩相结合的形式进行。

① 《体育总局办公厅关于进一步加强教练员岗位培训工作有关事宜的通知》，http://www.sport.gov.cn，2017年2月10日。

二、行动反思

“行动反思”是当代美国教育家、思想家舍恩针对科技理性实证主义认识论的批判而提出的教师教育思想。[①] 舍恩指出，专业实践工作充满着情境性、多变性、复杂性、价值性与独特性等特点，当用科技理性的实证主义认识论诠释复杂多变的专业实践工作时就显得苍白无力。教练员如何进行“行动反思”？可以从以下几个方面来理解和把握：

（一）反思的过程

教练员的反思过程包括自我剖析、自我觉察、自我接纳、自我评价。

1. 自我剖析

自我剖析是在日常运动训练比赛实践中，结合出现的问题，分析评价各自知识结构状况，并提出相应的改进策略。教练员在日常的运动训练管理、竞赛中要不断地结合出现的问题，分析问题出现的原因，结合自己的知识状况，剖析知识结构，自觉、主动地学习相关知识。

2. 自我觉察

自我觉察是利用自我意识的功能而进行自我心理调节。如果觉察不到自己知识结构存在的问题，教练员自身知识结构的改变、完善问题就无从谈起。教练员在运动训练竞赛中要有问题意识，以便督促自己尽快解决问题。

---

① 舍恩的核心概念是“在行动中反思”(reflection in action)和“对行动的反思”(reflection on action)，国内学者将其归纳为“行动反思”或“反思行动”，本书采用“行动反思”。

3. 自我接纳

当教练员对训练竞赛过程中的某些特征无法接纳时，很容易通过“阻抗”的方式将其屏蔽。教练员无法意识得到，或者不愿意承认“有问题”，这样会增加知识结构改变的阻力和时间。所以，教练员在训练竞赛中应尽可能减少问题的“屏蔽”现象，要刻意地“接纳”所出现的问题，再进一步分析其中的缘由。

4. 自我评价

自我评价（self-evaluation）是主体对自己思想、愿望、行为和个性特点的判断和评价。自我评价是自我诊断、自我调节、自我完善的过程。就教练员文化资本获取而言，教练员要善于从记忆、领会、应用、分析、综合等方面来评估自己对知识的学习情况，能够对学习动力、学习策略、学习能力进行自我评价。

（二）反思的方法

教练员的反思可以分为自我反思、合作反思、归纳反思、日志反思等。

1. 自我反思

教练员的反思是一种冷静、主动、有目的的反省运动训练与管理等行动的过程，是一种积极的自我审查、自我评价、自我改进的方法。反思最主要的形态是自我反思。教练员可以对自己每天的训练工作投入、训练内容、训练方法、训练效果等方面进行深度思考，质疑训练中的方方面面，更加全面、深入地总结训练管理中的得失，提炼出成功或有成效的经验（实践知识）。

2. 合作反思

反思活动不仅是个体行为，它还需要群体的支持。教练员单纯的自我内省反思活动，通常比较模糊，难以深入，而在与他人进行对话时，可以使自己的思维更加清晰，同时来自交谈对象的反馈会激起更深入的思考。教练员要善于或乐意在教练员例会或“带训”队员小组讨论中提出自己的困惑或心得，要虚心听取他人的意见或建议，以取得他人的支持。为此，运动项目管理部门或教练员要搭建这样的合作反思平台。

3. 归纳反思

教练员过去的经历一般是在自然状态下零星地存在于记忆中，加强对记忆的回忆、收集、分析、整理、归纳具有重要价值，可以形成可贵的训练管理经验。教练员可以基于当天、周、月等时间段进行归纳反思，也可以结合具体运动员进行反思，还可以根据具体的训练情景进行反思。经过归纳反思，可以找出训练管理过程中的“得”与“失”，找出问题的症结，从而形成实践经验（经验知识），进一步提升训练效益。

4. 日志反思

日志反思法包括随笔式反思日志、案例式反思日志和主题式反思日志。随笔式反思日志不拘形式，也没有问题框架，教练员可以随时在训练计划上记录自己的所思和所感。案例式反思的问题框架则是要思考训练中发生了什么事情，为什么发生，采取何种策略解决，效果如何，等等。主题式反思日志一般是教练员就某一训练过程中的重要问题进行较长时间的思考和实践。

三、代际传递

“代”的概念本来是一个生物学概念，借用到社会学中，便具有了自然和社会的双重属性，自然属性表示人类自身繁衍过程中祖辈、父辈、子辈等代际之间的关系，社会属性是指一定社会中具有大致年龄和类似社会特征的人群。家庭是指婚姻关系、血缘关系或收养关系基础上产生的，亲属之间所构成的社会生活单位。家庭有广义和狭义之分，狭义的家庭是指一夫一妻制构成的社会单元，广义的则泛指人类进化的不同阶段上的各种家庭利益集团，即家族。

(一)文化资本代际传递特点

在文化资本研究领域,相关研究已经指涉、论证了文化资本的代际传递问题。结合“代”与“文化资本”的分析,教练员文化资本的代际传递主要是指文化资本家庭成员之间相互传递、流动的现象。教练员家族文化资本一般以家族的存在与活动为基础,以家族文化的认同与强化为特征。教练员家族文化资本不仅包括如书籍、器械、收藏品、获得成绩证书或等级证书等的标志物或物质载体的资本形态,更包括能体现家族体育或运动项目气质、传统等精神特性的文化资本,这些文化资本可以说是教练员家庭文化资本的核心或灵魂,它是家族成员多年积累、内化、沉淀下来。这些文化资本往往具有很强的无形性、场域性及其再生产的隐蔽性等特征,这也就决定了代际传承的复杂性。

(二)教练员文化资本代际传递方式

按不同标准文化资本的代际传递可分为多种形式:根据方向可分为垂直传递和水平传递,根据范围可分为代际传递、代内传递和职业间传递,根据规模可分为个体代际传递和团体的代际传递,根据原因可分为结构性传递和自由传递。

在家庭传递中,教练员文化资本既有代际之间垂直的传递(包括双向流动),又有代内的水平传递,如果教练员家庭成员从事不同的运动项目或从事不同的(体育领域)职业,则会有职业间的文化资本流动。但是,家庭文化资本的代际传递中,教练员获得文化资本的方式主要是通过再生产实现的。与物质资本再生产一样,文化资本再生产受制于,但并不决定于既有文化资本的数量和质量。毕竟,教练员可以在不同场域中(如学校、运动队、体育俱乐部等)通过系统、速成学习来获得个体文化资本,从而完成了文化资本的积累或再生产。因此,教练员家庭文化资本再生产是一个基于继承、在实践中不断选择与淘汰和主动建构的动态过程。

另外，教练员家庭后代的一个突出的功能是成为身体化文化资本累积、分享、转移的载体，在具有传承意图的家族中，家庭成员往往成为身体化文化资本的传播者、分享者，通过身体化的不可言传的文化资本的共享可以提高家庭成员的核心能力。家庭文化资本的代际传承是一个长期的连续性过程，家庭成员必须将专业知识、价值理念、精神等身体化的文化资本在家庭中传承、传播，这些文化资本由于很难模仿、复制，所以只能在长期的互动中完成传承。

1. 家庭教育

文化资本代际传递是子女继承他们父辈的文化资本，从而使家庭文化资本得以再生产。文化资本理论认为，文化资本的代际传递要有两个关键的阶段，其中之一就是早期社会化，主要依靠学前的家庭教育。家庭教育既有父母对子女的有意识的传导，也有子女对父母无意识的效仿，这是一种潜移默化的教育。如果子女获得了上辈人的“惯习”，可以说基本上实现了这一阶段的文化资本再生产的目的，教练员家庭文化资本也莫不如此。在家庭教育中，培养孩子的文化能力比传授知识更加重要，文化能力可以分解为三个基本部分，即：关于合法文化资本储备的知识，掌握与文化资本的消费和使用相关的知识技能和社会技能，以及有效地利用这些知识和技能以获取有利社会地位的能力。

2. 学校教育

家庭文化资本代际传递单纯依赖家庭是很难完成的，或者难以达到应有的效果。因此，文化资本的代际传递需要学校教育来完成。教练员文化资本的获得也离不开学校教育，教练员的生命历程中多会经历义务教育、高中教育乃至大学及以上的教育，尤其是专业教育阶段更是深受学校教育影响，文化资本得到不断丰富。

【案例】

国氏家族:中国传奇体操世家[①]

中国体坛有一个闻名世界的体操世家,助中国体操争金夺银,为中国体育增光添彩。这个体操世家中有9个人都曾替国家队效力,在奥运会、世运会、亚运会等国际比赛中为国家夺得了上百枚奖牌。这个世家就是国氏家族。国氏家族在中国体坛被称为“国家队”,一家六口从父亲国书增、母亲索惠琪,到四个孩子国林生、国林显、国林红、国林跃,都曾是国家队队员并多次在国际赛事中斩获佳绩,对中国体育有着巨大的贡献。

国氏家族第一代:国书增、索惠琪

在1950年体操刚被列入全国竞赛项目时,国书增就参加了学生组的跳箱比赛,开启了他辉煌的体操人生。国书增在哈尔滨一中练习体操时,由于体操项目刚刚开展,哈尔滨的训练条件不如北京、上海、广州等城市,不仅缺少训练器材、各项设施落后,还缺少合适的教练教导。国书增和志同道合的小伙伴们看着俄罗斯体操运动员的照片摸索着练习各种体操动作,没有防滑的镁粉就找些土面子,没有海绵垫就找些好一点的草皮。就是在这样的艰苦条件下,靠着努力和天赋,国书增在年仅20岁的时候就成为哈尔滨业余体校的教练,为八一队、国家队等优秀运动队培养了一大批优秀运动员。1958年,国书增被选入了黑龙江省新成立的体操队,同时兼任体操队的教练。

在1959年的全国体操锦标赛上,作为一名地方队的体操运动员在器械落后、训练条件艰苦、缺少教练的背景下,国书增凭借稳定而优异的发挥力压国家队的近20名顶尖体操选手,夺得了全国

① 慧眼传媒公众号:《国氏家族:中国传奇体操世家》,2018年7月27日,有修改。

个人全能冠军。这个消息引爆了全哈尔滨市乃至全黑龙江省，街上的商店都贴上了国书增的照片。这位意气风发的全国冠军成为大街小巷人们交口称誉的新晋体操男神，也被国家批准成为第一批运动健将。

在训练场上，国书增注意到了一个极富潜力的体操苗子——一个来自哈尔滨市队的小姑娘。这个小姑娘在他的指导下飞速地进步着，并在一年后的中国全国体操比赛中也夺得了冠军，同样成为第一批运动健将，她就是国书增的妻子索惠琪。凭借着相同的理想和热爱，国书增和索惠琪走到了一起并携手教导着中国的体操运动员。他们在 1972 年上海的全国首届少年儿童体操比赛中，带领精心培养的 32 名小选手(包括他们的两个儿子国林生和国林显)代表黑龙江省出赛，一举包揽了各项的冠军，轰动了全国。这些小选手们后来被各大文体单位选走，并成为国家文艺、体育等领域的中坚力量。国书增和索惠琪夫妇除了为国家输送了大批体操人才和文体尖子之外，还将他们的四个孩子都培养成了体操健将。凭着对体操的热爱和坚强的毅力，艰苦训练，国氏家族第二代的这四位体操名将先后代表中国参加各项世界级比赛，共获得 16 座奖杯、45 枚金牌，为国家赢得了近 200 枚奖牌，替国家争得了荣誉，也为中国成为国际认可的体操强国贡献了一份力量。

2000 年，57 岁的索惠琪一个人闯到了美国，她通过朋友的帮助和自己的坚韧在这个语言不通的陌生国度逐步站稳了脚跟，并为家人的到来打下了基础、铺好了路。随后国氏家族的其他成员也陆续来到了美国，在这里延续家族的体操传统，一起创立了世界精英体操俱乐部，翻开了家族新的篇章。

国氏家族第二代：王惠莹

国氏家族第二代成员国林显在为 1988 汉城奥运会集训时，在训练场上认识了一位同样在备战奥运的女子体操队队员，她就是后来成为他妻子的中国体操名将王惠莹。王惠莹也出身于一个热爱体育的家庭，她的父亲也是一名运动员，母亲则是一名舞蹈演员。8 岁时她被选去练体操，并在接触后深深地喜欢上了这项运动。品学兼优的王惠莹在 11 岁时考上了天津的重点中学，但也在这时被选入了体操专业队。在父母的支持下，王惠莹遵从自己内心的想法，选择了继续练体操。

王惠莹在 1984 年时被选进了中国国家体操队，并在跳马项目上显现出了过人的天赋。教练发现她的弹跳力、爆发力和速度都非常优秀，为她量身设计了一套跳马动作。在经过半年多的刻苦练习后，王惠莹在 1987 年的世界体操锦标赛中第一次使用了这套动作，惊艳了全世界。这个动作被命名为"王惠莹转体"，这也是第一个由中国女子体操运动员命名的跳马动作。跳马一直都是中国传统优势项目体操中的一块短板，相对其他体操项目更为弱势，而王惠莹凭借着自己的努力，为中国体操补上了这块缺憾，成为中国体育的骄傲。

退役后，王惠莹先后在天津体操队和韩国执教，后和家人一起移民美国和国氏家族其他成员相聚。刚来美国的前三年对于王惠莹来说是最艰难的一段时期。由于语言不通和教学方式的差异，在体操俱乐部当教练的她和学生交流非常困难，难以用语言表达自己，也很难发挥自己的技术去指导学生。于是王惠莹抱着从零开始的空杯心态，在工作完回家后用语言学习软件坚持每天学习两个小时的英语，最终成为世界精英体操俱乐部的明星教练。

国林生的太太何秀敏、国林显的太太王慧莹和国林跃的太太肖丽媚也都是中国体操及艺术体操名将，为中国体操队和艺术体操队夺得过多项世界级、国家级比赛的奖牌。

国氏家族第二代：国林显

由于父亲国书增和母亲索惠琪都是获得过全国冠军的体操教

练，从小国林显就在耳熏目染下对体操产生了兴趣，并在家庭的影响和父母的亲身教导下打下了很好的基础。年仅 10 岁的时候，国林显就入选部队训练，后来进入八一队，又在 1984 年入选了国家队，并代表中国参加了多项国际体操赛事。国林显在 1989 年的全国体操比赛中获得了全能冠军，在世界体操锦标赛上夺得了银牌，并代表中国出战了 1988 年的汉城奥运会。在 1991 年退役后，国林显曾在八一队、天津队和韩国都担任过体操教练，后来他选择和家人一起移民美国，并在加利福尼亚州创办了体操俱乐部，希望能培养更多孩子对体操的兴趣，推动体育发展。

在国林显教练看来，如果孩子可以在 5～10 岁的时候练习体操，将促进他们柔韧性、协调性、胆量、肌肉力量等多方面身体素质的发展，对于将来转到蹦床、跳水、舞蹈、足球等其他体育项目也能打下很好的基础。练习体操还能让孩子们培养团队精神，让他们学会互相理解、互相关爱。

国林显教练在协助加州华人体育家协会一起举办和参与 2024 年奥运会的申办活动时，取得了很好的活动效果，2028 年的奥运会将在加州洛杉矶举办。国林显教练和俱乐部的其他成员也将在裁判和教练等工作上协助奥委会，帮助 2028 洛杉矶奥运会更好地开展。

国民家族第二代：国林红

作为国民家族第二代四兄妹里唯一的女孩子，国林红教练小时候除了受父母熏陶练习体操之外，也尝试过舞蹈、花样滑冰等其他项目，但是她对于体操的热爱还是指引着她走上了体操的道路。小小年纪的她就跟着两个哥哥一起每天认真地训练，很快就被八一队选中进入专业队训练。她可是兄妹里第一个被选进八一队的，后来两个哥哥和弟弟也加入八一队聚在了一起。国林红教练坦言，虽然一开始练习体操是受父母亲的影响，但是长大后慢慢觉得可以代表国家去参加各项国际比赛并为祖国争光添彩，让她感受到了强烈的荣誉感，也给了她更坚定的目标。

国林红教练在1982年参加的两次国际邀请赛中一举为中国摘得7枚金牌，其中2枚为全能冠军。在取得了这样优异的成绩后，国林红教练却在退役后下定决心褪下光环，来到美国这个陌生的国度开辟新的天地，体验另一种生活。去到美国以后，国林红教练克服了语言、生活环境、文化、教学方式等各方面的差异，努力去了解、学习、适应，在家人的支持下一起创办了世界精英体操俱乐部，并一步步发展到了今天的规模和成就。

国林红教练还期待地表示，俱乐部里也有一批年龄适合的孩子将进行特别的培训，以2028年的奥运会为目标来培养，希望有孩子可以入选国家队，在奥运会的赛场上和其他选手交流切磋。

国氏家族第二代：国林跃

在四兄妹最小的弟弟国林跃小的时候，老师曾经和妈妈索惠琪开玩笑地说前三个孩子都在练体操，就让国林跃好好学习吧。但是可能真的是在血液中流淌着从父母那里遗传来的对体操的热爱，国林跃从小看着哥哥姐姐都在八一队，也下定了决心要好好训练，将来加入八一队。后来他在12岁的时候如愿被选入八一队，又在三年后年仅15岁时加入了国家队。

国林跃在1991年的全国体操锦标赛和亚运会上都获得了全能冠军，还代表中国参加1992年奥运会并获得了2枚奖牌。在1994年的亚运会和世界体操团体锦标赛上，国林跃也和队友一起为中国勇夺男子团体冠军。在这金光闪闪的荣誉背后，是坚持不懈的付出和满满的汗水。因此在退役之后，国林跃也在从小辛勤训练这么多年后给自己放了个小假，和其他普通的年轻人一样尝试着玩起了游戏。在接触电脑多了以后，他突然灵光一闪，想要做一个网站，打造一个让全世界的人都可以了解到中国体操发展状况的展示和交流平台。就这样，国林跃建立了中国体操网。除此之外，国林跃还致力于将国外的体操训练方法、设施、赛事等信息传递回国内，帮助国内的体操更好地发展。

2011 年，国林跃教练也来到美国和家人团聚，并也参与到了体操俱乐部的教学中来，现在他和家人一起正在帮助俱乐部的孩子们备战 2028 洛杉矶奥运会。他觉得一家人持着同样的热爱一起朝着一个方向努力，是人生非常大的幸运和幸福。

国氏家族第三代

国氏家族第一、二代成员们都在中国体坛和体操界留下了浓墨重彩的一笔，而现在国氏家族的第三代成员们也开始在各自的领域内崭露头角，传承着家族的荣耀。国林生和何秀敏的儿子国新科曾在 2004 年北京国际武术锦标赛青少年组荣获枪术和南拳两个项目的冠军。现在他也在世界精英体操俱乐部担任教练。国林显和王惠莹的儿子国新达是一位跆拳道高手，获得过美国青少年跆拳道比赛的冠军。国林红和杰克的儿子高奥博是美国国家级蹦床裁判。他毕业于企业管理专业，现在负责家族两家体操俱乐部的管理和经营事务。国林跃和肖丽媚的大女儿国新美、儿子国新嘉和双胞胎女儿国新文、国新雅也在体操方面表现出了惊人的天赋，在各自年龄组的体操比赛中均表现亮丽。2018 年 9 岁的国新嘉在刚刚结束的全美蹦床比赛中一举获得了 3 枚金牌。

国氏家族第三代的成员们不止在体操上继承了家族的传统，还在武术、跆拳道等体育项目中取得了佳绩，同时也拓展到了体育以外的管理等其他领域，在更广阔的版图中续写着国氏家族的荣光。

四、师徒制传承

(一)师徒制与文化资本传承

师徒制的研究最先开启于西方国家,20 世纪 80 年代克拉姆(K. E. Kram)和诺亚(Noe)等学者开始了对师徒关系进行理论研究和实证调查。师徒制,也可称之为"艺徒制""学徒制",学者们对其内涵没有统一的界定。但是,相关研究对师徒制的认识有着共同特征,即师徒关系往往发生在成熟的职业工作者和职业新人之间,关注成熟的职业工作者对新人的指导,以及关注专业发展。

本书认为,师徒制是某专业领域的资深者与资浅者之间的一种支持性关系,可以促进师徒双方专业发展。国内体育学界,关于师徒传承的研究主要集中在武术项目(武术文化)。师徒制何以能促进师徒专业发展,以往的研究多从师徒双方的职能和关系进行考量。师徒制本质上是指在工作环境中,师徒之间发生动态性和互惠性的关系,实现知识双向转移的过程。① 从文化资本理论看来,这种"知识"也即文化资本的一种重要形式或内容。师徒制在进行"知识转移"过程中也使得文化资本在不同个体或群体得以转移与再生产。在师徒关系之下,师傅将自己拥有文化资本尤其是实践知识,如经验、判断、知觉和思想,通过示范传授给徒弟,使徒弟在与师傅的沟通和共享体验中完成文化资本的解码,内化重组并整合为自身的有价值的内容,最终实现徒弟文化资本存量的增加以及对文化资本表征能力的提升。教练员文化资本缘何能通过师徒制方式达成转移?主要是由于以下几个方面原因造成的:

---

① 参见陈群波:《基于师徒制的教师知识转移研究》,华东师范大学博士学位论文,2016 年。

1.师徒间文化资本存在着势差

如同本书前述,教练员文化资本主要由专业知识、实践知识等构成,而知识在不同主体间流动往往是因为不同主体间存在知识势能、知识势差所造成的。[①] 知识势能是某一时期或时点相对于某一参照个体、组织或区域,某一个体或组织或区域所具有的知识能级的状态,即知识存量的高低。个体间知识势能上的差异即为知识势差,这种知识势差会推动知识从知识势能高的一方向知识势能低的一方流动和转移,促进势能低的一方获得、理解和吸收知识,以此提高自身的知识势能。对教练员个体来说,每个教练员具有不同的家庭生活背景和个人成长历程,他们在教育背景、运动训练经历、所经历的训练比赛环境、个人兴趣等方面表现出差异,加上从事教练员工作时间和教学训练实践经验领悟等因素的影响,教练员知识差异会很大。这种知识差异包括广度差异(即由知识多样性所带来的主体在不同领域、不同知识类别上的知识差异)和深度差异(即主体间在同一专业领域、同一类型上的知识差异)。这些知识上的差异,导致不同主体间存在知识势差,知识势差则推动了知识从知识势能高的一方,向知识势能低的一方流动和转移。当然,这种流动不排除徒弟向师傅的流动。

2."场域"的存在

资本与场域的关系也是布迪厄社会实践理论的重要内容。文化资本理论认为:"场域"和"资本"紧密地联系在一起,它们不可分割,每一个(种)所蕴含的资本数量、结构是不同的。资本与场域是相依共存的,资本的价值取决于它所处的场域,行动者使用资本的策略也决定于行动者在场域中所处的位置;反过来,场域也离不开资本,场域只是一种网络结构,如果没有资本,空洞的结构也是没

---

① 参见王学军、陈武:《人力资本在企业技术创新中的作用》,《技术经济》2004 年 12 期。

有意义的。

教练员师徒只有在同一或相似的场域中，他们的资本才会有可比性。教练员师徒的知识因为同处相同或相似的场域中，才有知识势能的差异，知识势能与势差因场域而存在，并且通过场域发生流动和转移。对教练员来说，文化资本或知识转移的场域既包含运动训练场域、族群场域，亦包括教学训练的实践情境。教学训练实践情境，即知识转移的“场”的相似性和同一性，是教练员师徒知识转移的前提之一。

（二）影响文化资本师徒制传承的因素

文化资本的师徒制转移过程包含了师傅传授和徒弟学习的一系列行为以及所处的环境，行为主体及客体以及环境对文化资本的转移产生重要影响。

1. 主体因素

影响文化资本师徒制传承的主体因素主要包括师傅的传授能力、徒弟的接受能力和师徒关系等。

（1）师傅的传授能力

师傅的传授能力主要由释放能力和转移意愿构成。释放能力是指通过一定的方式，如共同体验、影响力、沟通或表达等方式进行知识解释、编码与传达的能力。[①] 师傅的文化资本释放能力是指师傅在了解徒弟的文化资本存量与缺陷、被转移文化资本的特性和文化资本转移环境的基础上，对文化资本尤其是经验知识和那些零散的、无序的知识碎片或模糊性专业技术知识进行系统化整理和提炼，并选择徒弟易接受的方式作出恰当诠释和表达的能力。释放能力发挥程度通常也受制于师傅转移文化资本的意愿。

---

① 参见唐方成：《知识转移与网络组织的动力学行为模式——吸收能力与释放能力》，《系统工程理论与实践》2006 年第 9 期。

一般而言，师傅的传授能力越强，徒弟的内化程度就越高。

(2)徒弟的接受能力

徒弟的接受能力主要由吸收能力和学习意愿构成。从知识角度讲，吸收能力是指接受者评估、消化和应用新知识的能力[①]，吸收能力具有很强的路径依赖性，是影响知识转移成功与否的关键要素[②]。借鉴相关概念，文化资本的吸收能力指徒弟接受、消化、应用来自于师傅或工具等提供的新文化资本的能力。这种能力的发挥程度受到徒弟接受意愿的影响，而接受意愿又受到徒弟对文化资本价值判断的影响。[③] 因此，徒弟越认同师傅传授文化资本内容及其价值，接受意愿就越强；接收能力越强，徒弟的内化程度越高。

(3)师徒关系

师徒关系被定义为一个年龄更大、经验更丰富、知识更渊博的员工(师傅)与一个经验欠缺的员工(徒弟)之间进行的一种人际交换关系。师傅会给徒弟提供建议、忠告、反馈以及提供与职业生涯发展有关的支持和庇护。[④] 该定义肯定了师傅在师徒关系中的重要地位及对徒弟产生的影响，但是一些研究也认为徒弟在师徒关系中会给师傅产生影响。[⑤] 从总体上看，在师徒关系中，师傅和徒弟会交换信息、知识、资源，并相互支持。在发展师徒关系时，师傅

---

① 参见施陈彬、李南:《知识释放能力影响知识转移效果的模拟研究》,《情报理论与实践》2011 年第 1 期。

② 参见杨燕、高山行:《企业合作创新中知识粘性与知识转移实证研究》,《科学学研究》2010 年第 10 期。

③ Effrey, Bing-sheng Teng, "Transferring R & D Knowledge the Key Factors Affecting Knowledge Transfer Success," *Journal of Engineering and Technology Management*, 2003(20): 39-68.

④ D. M. Hunt, C. Michael, "Mentorship: A Career Training and Development Tool," *Academy of Management Review*, 1983, 8(3): 475-485.

⑤ M. G. Zey, *The Mentor Connection*, Homewood, IL: Dow Jones-Irwin, 1984.

能够扮演多种角色，徒弟也会协助师傅完成相关的工作和任务，并且师傅的新想法、新观点及新技术也可能是源于徒弟的启发。关于师徒关系概念维度，克拉姆认为师徒关系可以区分为社会心理与职业生涯两个维度。[①] 其中，社会心理是指师傅帮助徒弟建立一种身份认同感、胜任力和效力的心理职能，社会心理维度主要包括友情、劝告、接受/确定、社交与父母亲关系等。职业生涯强调的是师傅给徒弟提供工作上的指导，从而促使徒弟的职业生涯进步。职业生涯维度主要包括赞助、保护、展示、挑战性工作委派与指导等。角色模范是师傅作为徒弟的模范和榜样，影响并激励徒弟，徒弟甚至把师傅作为自己期望成为的那个人。但是，良好师徒关系的建立取决于信任、承诺、忠诚、责任、柔性与支持[②]，师徒关系的好坏很大程度上影响到文化资本的转移效果。

2. 客体因素

影响文化资本师徒制传承的客体因素主要是指文化资本的形态及其特点。客观化与制度化的文化资本具有易观测性，所以很容易被理解、被接受，而实践经验性知识具有很强的隐性，即内嵌性与粘滞性、不易观测性与不易复制性，使得这些文化资本不易表达和难以转移共享，需要师傅为清晰表达存在于行为和惯例中的经验和诀窍作出努力，也需要徒弟在学习中反复观察和琢磨，努力去领悟师傅传授的资本。一般而言，文化资本的隐性程度越高，文化资本转移的效果越差[③]，徒弟的内化程度越低。

---

① K. E. Kram, "Phases of the Mentor Relationship," *Academy of Management Journal*, 1983, 26(4), pp. 608-625.

② 参见韩翼、周洁：《师徒关系结构、作用机制及其效应》，《管理评论》2013 年第 7 期。

③ Effrey, Bing-sheng Teng, "Transferring R & D Knowledge the Key Factors Affecting Knowledge Transfer Success," *Journal of Engineering and Technology Management*, 2003(20): 39-68.

(三)师徒制传承的具体方法

1. 师傅:“口授”与“示范”

文化资本中大量蕴含着无法用文字表达的实践知识,于是“口授”成为传递文化资本的重要方式。其实,在体育领域,教练员更多的是通过“口授”来传递其经过多年积淀而形成的个人经验和技能,激励和挖掘运动员的潜能,帮助运动员在重大比赛中取得好成绩。“示范”即做出榜样或典范,供人们学习,或者把事物摆出来或指出来使人们知道。教练员的“示范”不仅仅是指运动技能学习中的“示范”,更是指社会责任、职业认同等非训练行为的“示范”,后一种“示范”对文化资本传递以及运动员的他者的教育更有意义。

2. 徒弟:观察、模拟、体验与领悟结合

《说文》指出:“悟,觉也。”“悟”就是我心对事物的理解以及我心如何做、如何想。在教练员师徒文化资本的转移中,师徒间有大量基于教学训练情境的互动对话,师傅对徒弟进行最直接的指导。但是,不少指导是原则性、思路性、方向性的,并不能直接指导徒弟一些具体的教学训练实践知识。徒弟要真正习得这种知识,就需要自己去“悟”,于是“悟”成了徒弟文化资本生成的重要方式,“悟”的结果和效果很大程度上取决于徒弟的意愿和能力。但是,徒弟的“悟”并非凭空想象、冥思苦想,而是要有“悟”的有益实践,如观察、模拟、体验等,这是“悟”的基础。

3. 师徒:对话所达成的有效互动

师徒制传递文化资本不仅仅靠师傅与徒弟的各自行为方式,而且还需要师徒间的对话所达成的有效互动。“对话”亦即“沟通”,沟通过程必然由沟通主体、沟通客体、沟通介体、沟通环境和沟通渠道等要素构成。师傅通过对话可以了解徒弟对文化资本的掌握情况,从而进一步采取必要措施来完善徒弟的文化资本构成。

第二节　教练员文化资本的转化

一、经济、社会资本向文化资本的转化

(一)经济资本向文化资本的转化

布迪厄认为,经济资本、社会资本和文化资本之间可以相互转化。不同类型资本的可转化性,成为行动者策略的基础。这些策略的目的在于通过转化来保证资本的再生产,以及在"场域"中不同地位的行动者的社会关系、社会地位的再生产。

就教练员而言,教练员最普遍的资本转换现象是经济资本向文化资本的转化,这种转化和文化资本的传递是同时进行的。但是,它需要两个前提条件:一是要拥有一定的经济资本。把经济资本转化为文化资本,这种转化是以"劳动"为中介的或换算的,教练员只有占有一定的经济资本才能够购买他人的"劳动"。如果说教练员没有经济资本就可以换取他人的"劳动",这意味着他人进行了付费。二是要拥有充足的时间和精力。衡量文化资本的最好方法是依据花在获取这种资本上的时间的长短。教练员无论采取教育培训、行动反思,还是代际传递、师徒制转移,这些都需要教练员的亲力亲为,也即需要时间和精力的付出。教练员可以通过以下方式进行资本间的转化:

1. 教育服务购买

教育服务购买是经济资本向文化资本转化的一种重要方式,教练员购买服务的动力源自于自身文化资本存在的问题或者需求以及运动员训练理论、方法等的快速变化。教练员除了通过国家相关部门付费来购买教育服务(如国家、省市相关部门组织的教练员培训)外,还可以或更应该根据自己的需求,通过网络培训等途

径，自己付费购买有关教育服务，这样可以很好地避免知识更新滞后等问题。

2. 文化产品投资

文化产品投资可以说是教练员最普通、最常规的经济资本向文化资本转化的形式。受制于教练员“带训”的时间限制，很多教练员无法采取阶段性的集中培训，所以投资客观化的文化产品有着非常大的必要性。教练员要结合个体知识等方面的需求或运动训练发展动态，购买必要的书籍等。

（二）社会资本向文化资本的转化

1. 参与或构筑有益的社交圈

“社交圈”即社会网络的一种通俗表达，它属于场域的一种，该场域中蕴藏着大量社会资本和文化资本。“圈子”不同，其中的文化资本和社会资本等会有差异。优秀的“圈子”可以获得更多的社会支持，有利于将社会资本转化为文化资本，也就会在一定程度上影响到一个人资本获取效益和质量。教练员要主动挑选、筛选、参与适合自己的社交圈，并在参与的社交圈中向优秀人士学习。

2. 重视构建良好的人际关系，并积极发挥人际关系作用

人际关系是社会人群中因交往而构成的相互依存、相互联系的社会关系。人是社交动物，每一个个体都有自己独特的思想、背景、态度、个性、行为模式和价值观，然而人际关系对于每个人的情绪、生活、工作有很大的影响，甚至对组织气氛、组织沟通、组织效率和个人与组织之间有着极大的影响。作为教练员，在长期的日常生活尤其是训练过程中，形成了亲属关系、朋友关系、学友（同学）关系、师徒关系、同事关系等。良好的人际关系，合适的人际交往，能够带动教练员文化资本的发展。

二、文化资本内的相互转化

（一）勤于反思，促进知识内化

反思亦是教练员自我分析过程的重要环节。教练员运动训练竞赛知识的获得、训练水平的提高，除了通过系统化的理论学习之外，日常的反思也是非常重要的一个途径。毕竟，一些经验性的实践知识，有其特有的个性化、情境化、开放性和探索性特征，这些是很难通过他人的传授而获得的，更多地依赖于教练员个人的自我剖析、自我总结来得到。可以说，一个优秀的教练员总是能主动地创造和反思自己的执教过程。作为一名教练员，就应勤于反思实践经验，从经验反思中汲取教益，不断提高自己的知识结构，从而提升自己的核心竞争力。

（二）学以致用

“学以致用”是对知识学习的基本要求，知识的价值往往是潜在的，只有同实践相结合，才能发挥具体的作用。教练员学习系统的理论知识，就是要用知识武装头脑，指导训练竞赛实践，推动训练竞赛工作，即要“用”。“用”是学习知识深入的重要标志，也是检验学习成效的根本尺度。目前，教练员继续教育培训中一般都会注重对教练员一般性知识（如公共知识、专业知识、基础知识）的传授，而这些知识必须在训练实践中充分结合才能产生训练效果。另外，教练员在日常训练竞赛中的反思性知识则更需要“用”，只有在“用”中才能确定是否可靠、合理，是否有效地推进运动竞赛水平。

第三节　教练员文化资本的共享

一、积极构建学习型教练员团队

英国管理顾问研究院研究员朗·西韦尔在其所著的《核心竞争力》一书中认为，建立学习型团队和建立共同愿景是提升核心竞争力的重要途径。① 学习型组织（learning organization）是指能够有意识地、系统和持续地通过不断创造、积累和利用知识资源，努力改变或重新设计自身以适应不断变化的内外环境，从而保持可持续竞争优势的组织。学习型组织将组织成员的自我实现作为人生的最大需求，有明确的学习目的，能主动地把握学习的机会，能把学习和工作系统持续地结合起来，并把自身的学习看作是一个持续一生的过程。

近年来，我国竞技体育领域也提出了"学习型团队"的概念，并采取了相关措施进行培育和建设。从学习型组织核心理念看，竞技体育学习型团队应继续加强，通过学习型团队的培育和建设加强对教练员的影响，以此达到提升个体教练员核心竞争力的目的。"共同愿景"是学习型组织发展的基础、核心，是指导团队成员行为的哲学。因此，运动项目团队要建立团队成员的共同愿景，这也是项目管理者的首要职责，是学习型组织成功的法宝，以良好的"共同愿景"引领团队成员尤其是教练员的发展。

另外，组建管理者、教练员和科研人员在内的科研团队是知识交流的重要平台，要重视和促进团队内部及团队之间的相互学习

---

① 参见[英]朗·西韦尔：《核心竞争力》，姜法奎译，中国市场出版社 2008 年版，第 205 页。

和交流。同时，运动队或项目管理者要为知识交流创设良好的机会，积极组织各种运动训练竞赛的报告会、教练员座谈会、研讨会等活动，充分利用现代信息技术进行知识交流。

二、畅通团队成员的信息渠道

在学习型文化环境中，团队内部所需的各种信息可以通过以下两种渠道进行有效的沟通：一是纵向信息沟通，即沿着组织的指挥链在上下级之间进行，使项目管理者同其下属成员尤其是教练员之间保持信息畅通；二是横向信息沟通，是指团队之间以及团队内部成员之间同一层次所发生的沟通，如科研工作者向教练员提供竞赛信息，教练员个人的心得体会对其他教练员的传递，其主要功能是使系统之间协调配合和相互了解。无论采取哪种沟通方式，及时、有效都是基本原则，即所传递的信息恰是接收者工作所需要的信息，信息接收者对信息的理解与信息发出者传递的信息含义相同或近似，接收者充分了解了当前的情况和今后工作的趋势。

另外，"知识共享有益于企业和个人发展"的观念对教练员团队亦有非常好的借鉴意义。运动队教练员之间常常通过非正式方式（或场合）交流成功的训练经验，探讨业务技能和创新，互相帮助去学习所需的新技能。这样，组织内部形成了动态的知识流，完成了由个体知识到运动队集体知识、隐性知识到显性知识的相互转化，在转化中不断产生新知识，实现了知识创新。要让教练员团队成员认识到知识共享能给成员带来自我价值实现的满足感，使之成为团队成员的一种内在需要，而不是一种外在的要求。

三、加强群体互动式学习

在企业管理实践中，学习型团队成员个体早已深刻认识到群体互动式的学习效率远远优于单个个体的学习效率。互动式学习使组织在个人单向学习的同时,更注重双向学习,学习的基本单位变成团体而不是个人。在团队中,教练员根据自己的最高愿望和团队追求的共同目标,通过“深度汇谈”,共享信息,重新创造自我;教练员能够做到从未做到的事情,超越自身;个人的知识在隐性知识和显性知识相互转化过程中逐渐上升,扩大为组织的知识,进而提高了知识使用的效率。因此,教练员的发展要积极地使用互动式学习,真正借助组织内部推动因素的相互作用所形成的系统动力链,促进运动项目的学习和发展。

四、推动教练员间的知识共享

知识的增值是建立在知识共享基础之上,知识共享不仅没有使知识受到损失,反而会增加组织整体的知识。同时,知识共享还能够增强运动队组织成员尤其是教练员的信任感,形成良好的合作氛围。知识的共享需要两个基本条件:一是教练员要有开放的心态,愿意将自己所掌握的训练竞赛等知识共享出来;二是项目或运动队管理者要通过有效的激励措施,激发教练员自觉自愿地把运动训练经验等隐性知识以隐喻、象征等方式表达出来而进行共享,实现知识的流动和传播等,使教练员个体知识上升为运动队团队知识,从而推动教练员知识螺旋式上升,增强教练员乃至团队的核心竞争力。

1. 推动教练员知识的流动

知识是教练员形成竞争优势的基础,但知识不可能自动形成这种竞争优势。教练员核心竞争力的形成、提升受知识流动机制的影响。知识流动是指知识由知识的拥有者通过一定的传播途径流向知识的利用者的过程①，知识流动之所以会发生，其主要原因是知识主体间知识势差的存在，即不同知识主体知识存量的差异或知识内容的异质性程度。现实中存在这样一种现象：一名普通省市教练员调入到国家队后，训练水平、训练理念、训练认识等在几年内就发生很大变化。可以说，这种现象的出现是与项目团队内的知识流动分不开的。一个运动项目或运动队的发展过程，就是一个内外部知识不断沉淀、积累并转化为项目或团队知识的过程，知识流动是项目或运动队核心竞争力保持旺盛生命力的重要原因。

项目或运动队知识的流动与人尤其是教练员是分不开的。基于知识流动过程，教练员的知识流动包括知识的获取、传播、共享、更新等环节；基于知识流动方向，教练员的知识流动包括教练员个体之间的内外流动和纵横向流动。纵向流动是基于教练员所处的训练梯队层次而言，高一层次团队运动训练知识可以流向低层次队伍或教练员，体现了自上而下的流动；横向流动包括一对多的中心型流动、一对一的双向型流动和多对多的网络式流动。不管知识如何流动，关键是要建立有效的流动机制。

2. 塑造运动项目或团队成员相互信任的合作文化

教练员之间知识能否有效流动，关键取决于成员之间的信任，信任是一个组织的生命力所在，也是知识管理的首要原则，缺乏信任则知识的有效流动无从谈起。如果组织成员相互信任，知识流动效率会极大提高。只要信任能成为教练员团队文化的基础，就很容易形成一种良性循环态势，而良性循环势必会朝着知识分享的方向螺旋上升。

---

① 参见徐仕敏：《知识流动的效率与知识产权制度》，《情报杂志》2001 年第 9 期。

第六章　教练员社会资本的培育

第一节　教练员的社会网络

一、社会网络的拓宽与维护

社会网络是指社会个体成员之间因为互动而形成的相对稳定的关系体系。社会网络是由许多节点构成的一种社会结构，节点通常是指网络的行动者(网络的行动者既可以是个人，也可以是集合单位，如家庭、部门、组织)，网络成员有差别地占有各种稀缺性资源。社会网络关注的是人们之间的互动和联系，社会互动会影响人们的社会行为，互动包括了互动的广度与频度。如同布迪厄和科尔曼所言，个人拥有社会资本的多少取决于“行动者可以有效地加以运用的联系网络的规模的大小”①，个人的社会资本拥有量与个人参加的社会团体数量、个人的社会网络规模和异质性程度成正比，这几个方面表现的值越高或越多，其社会资本的个人拥有

---

① P. Bourdieu, *The Forms of Capital—Handbook of Theory and Research in the Sociology of Education*, New York: Greenwood Press, 1986, p. 117.

量就越多。[①] 基于上述分析,教练员在构建自己的社会网络时应注意以下几个方面:

(一)适度拓宽社会网络规模

受制于教练员长年从事训练工作的特点,紧张的训练不允许教练员抽出过多的精力和时间从事人际交往,尤其是国家队教练员更是如此。因此,教练员可以围绕自己的专业领域,增加交往人数(尤其是体育领域人员)以拓展网络规模。

1. 构建基于各种"缘"的网络

"缘"有"业缘""趣缘""地缘"以及"师门"等。"业缘"关系往往是教练员以自己所从事的职业或者运动项目等媒介建立的关系。这是在教练员社会网络关系中所占比例最大的,对教练员的个体发展、各种资本的获得具有非常重要的影响。"趣缘"关系是教练员与他者具有共同兴趣爱好或对某一项目(活动)具有共同情感和趣味而建立的关系,譬如"茶友""驴友""球友"等。彼此的兴趣爱好越相似,交往的机会越多,心理上距离就越近,越容易产生共同的经验,取得彼此的了解和友谊,形成良好的人际关系。"地缘"关系是教练员共同生活或共事在一定空间而交流产生的关系,也可以指具有共同的出生地而产生的关系。人一般会具有地缘的归属感或认同感,共同的生活时空往往会有共同话题,作为教练员积极发展基于"地缘"的社会网络可能会更加容易。"师门"关系在体育领域非常广泛,由于具有师徒或同门情结而非常容易形成网络关系,这也是很多教练员所看重的一种关系。上述几种关系或者有重叠或者有交叉,作为教练员要根据具体情形或现实状态适度构建或拓宽各种网络关系。

---

① 参见[美]詹姆斯·科尔曼:《社会理论的基础》,邓方译,社会科学文献出版社1999年版,第256页。

2. 扩大人际交往的时空范围

从空间上讲，教练员既要重视与同一运动项目内教练员的交往范围或人数，更要重视与运动项目（团队）外人员的交往，要突破运动训练这一空间。在时间上，除了日常工作训练中的必要交往，还要注重在竞赛过程中与竞赛对手（包括运动员、教练员）建立必要的关系或联系，毕竟竞赛不是一种你死我活的斗争。与竞赛对手相互尊重、相互理解、彼此包容和接纳，通过积极的频繁接触、相互交流，也可能因感情或志趣相投而成为朋友，由此也会在一定程度上获得必要的资源。

（二）善于经营维护网络关系

一个关系网络的存在，并非是自然给定的，甚至也不是社会给定的，是网络中的行动者通过一个劳动过程——某种创建和维持性的劳动过程，特别是经过行动者不断投资、长期经营、有意识地笼络、交往及反复协调才能形成。换言之，关系网络是投资策略的产物。教练员的社会网络也不例外，教练员要根据自己的时间、精力、运动训练需求等条件，不断构建自己的关系网络，要加强与网络成员的交往频度、广度，以便获得自己必要的资源。尤其要重视运动团队内部关系的维护。毕竟运动队是教练员专业赖以发展的基础和平台，和谐的运动队团队内部关系能够促进教练员的工作投入，增强团队的凝聚力。团队成员之间发生并保持肯定、积极的关系，表现出友好、喜欢、亲近的情感特征，主要受双方需要的满足程度、是否真心诚意互相交往、有没有共同的目标以及价值观的一致性的影响。

（三）积极的组织参与

社会资本理论认为，组织或团体是社会资本的承载者。教练员在日常工作中往往基于官方或个体需求逐渐参与到相关“共同体”(如训练小组、科技训练保障服务团队等)中。作为教练员不仅要参与,而且要做到深度参与,在团队中发挥作用,形成影响力,并进一步获得自身需求资源。

二、教练员工作和家庭的冲突与促进

工作和家庭是个体生活的两个主要的领域。家庭是在婚姻关系、血缘关系或收养关系基础上产生的、亲属之间所构成的社会生活单位。家庭是社会最基本的细胞,是最重要、最核心的社会组织,也是人们最重要、最基本、最核心的精神家园。家庭健康的可持续发展是社会稳定发展、国家稳定发展的基石,更是个体发展的重要基石。工作则是个体通过劳动(包括体力劳动和脑力劳动)将生产资料转换为生活资料,以满足个体生存和继续社会发展事业的过程。如何处理好工作与家庭的关系,考验着每一个社会成员。

(一)关于“工作—家庭”关系

有关“工作—家庭”关系的研究指出,“工作—家庭”关系是指个体的工作和家庭两个领域之间的互动过程。个体一个领域的运行受到另一个领域所产生的积极或消极负荷效应的影响。[①] 这种关系包括“工作—家庭”冲突和“工作—家庭”促进两个方面。

1. 教练员“工作—家庭”冲突的表现

“工作—家庭”冲突是指当来自工作和家庭两方面的压力在某些方面出现难以调和的矛盾时,个体产生的一种角色交互冲突。也就是说,由于工作任务或者工作需要使得个体难以尽到对家庭的责任,或是因为家庭负担过重而影响工作任务的完成。

---

① 参见许欣:《中国竞技运动队教练员工作—家庭冲突研究》,华中师范大学硕士学位论文,2007 年。

“工作—家庭”冲突表现为以下几种形式:基于时间的“工作—家庭”冲突、基于精神的“工作—家庭”冲突和基于行为的“工作—家庭”冲突。由于把时间都投入到工作领域(或家庭领域),而没时间参与家庭领域(或工作领域)的活动而产生的“工作—家庭”冲突就是基于时间的“工作—家庭”冲突。因承担工作领域(或家庭领域)的角色而产生的紧张、焦虑、疲劳、郁闷、易怒、冷漠等精神状态,使得个体难以顺利履行家庭角色(或工作角色)的职责,因此而产生的“工作—家庭”冲突就是基于精神的“工作—家庭”冲突;由于工作角色(或家庭角色)要求的行为与家庭角色(或工作角色)要求的行为不一致,所以在工作领域(或家庭领域)有效的行为在家庭领域(或工作领域)就可能失效,因此而产生的“工作—家庭”冲突就是基于行为的“工作—家庭”冲突。“工作—家庭”冲突又可分为两种方向:由工作方面的要求而产生的“工作—家庭”冲突称为“工作→家庭冲突”或“工作侵扰家庭”;因家庭方面的需要而产生的“工作—家庭”冲突称为“家庭→工作冲突”或“家庭侵扰工作”。

教练员“工作—家庭”冲突主要表现在时间、精力和行为上,甚至有些教练员尤其是国家队教练员存在长时间、长距离的“职住空间错位”问题,教练员年平均工作日一般在310天以上,在生活上多驻队与运动员共同生活。教练员因工作压力大、工作时间长、长期集训、经常出差等原因,很难有时间和精力顾及配偶的陪护、孩子陪伴和老人照顾等。教练员因为在家庭和工作中身兼多种角色,也就很容易产生上述“工作—家庭”冲突表征。

2. 关于“工作—家庭”促进

“工作—家庭”促进,是指个人在某一社会系统(工作或者家庭)中的角色投入给另一系统(家庭或者工作)中的角色表现和系统的整体运作产生贡献的程度。① 促进包含三个重要成分:参与、收益和改进。所谓“参与”,是指个人投入某领域各项活动的程度,个体对这一领域活动的参与和投入有助于他在其他领域中发挥作用。所谓“收益”,是指个体在某个领域活动中的收获。卡尔森(D. S. Carlson)等验证了资本的收益(获得社会资本、金钱或健康资本等)、效率的收益(由多重角色责任导致的效率提高)、情感的收益(心态调整、平和、自信等)、发展的收益(指获得技能、知识、启发等)。所谓“改进”则是指在一些诸如问题解决或人际沟通等基础流程中有改进。②

“工作—家庭”促进也是一个双向的过程,即在工作中的投入有助于家庭生活的发展,称为“工作→家庭促进”,在家庭角色中的投入也有助于工作的发展,称为“家庭→工作促进”。韦恩(J. H. Wayne)等对“工作—家庭”促进进行研究,认为通过投入角色活动的过程中所获得的发展性资源(如技术、知识)、情感性资源(如信心、情绪)以及资本性、效率性资源,最终再将这些资源转移至另一个角色中,进而产生促进的作用与功能。③ 个体从工作中获得的资源(如收入、自我实现、尊重)都会对参与家庭角色活动产生积极的影响。④ 同样,个体从家庭中获得的资源也会对工作角色获得产生积极的影响。

---

① 参见唐汉瑛:《企业员工的工作与家庭平衡》,华中师范大学硕士学位论文,2008 年。

② D. S. Carlson, K. M. Kacmar, J. H. Wayne, J. G. Grzywacz, “Measuring the Positive Side of the Work-Family Interface: Development and Validation of a Work-Family Enrichment Scale,” *Journal of Vocational Behavior*, 2006, (68): 131-164.

③ J. H. Wayne, Randelae, J. Stevens, “The Role of Identita and Work-family Support in Work-family Enrichment and its Work-realated Consequences,” *Journal Vocational Behavior*, 2006, 69(3): 445-461.

④ 参见周路路、赵曙明:《工作—家庭增益研究综述》,《外国经济与管理》2009 年第 7 期。

(二)教练员“工作—家庭”关系的平衡

教练员的“工作—家庭”关系是一种客观存在,不可避免。这些关系会深深影响到教练员的家庭和谐、生活质量、工作绩效等,所以教练员个人、家庭和组织应该采取积极措施,以减少“工作—家庭”冲突并推动“工作—家庭”促进。

1. 个人应对

应对是个体用于管理个人资源难以负担的需求的认知和行为努力。[①] 丹尼斯等基于关注(问题/情感)和方法(认知/行为)两个维度划分四种应对风格。[②] 个人应对“工作—家庭”冲突的策略包括直接行动策略、寻求帮助策略、积极思维策略和回避/退让策略四种。[③] 教练员个人应对“工作—家庭”冲突可以借鉴上述四种策略。前两种是采用行为上的问题关注的方法来施加控制和解决问题,后两种是认知上的情感关注的管理压力的方法。[④]

(1)直接行动和寻求帮助

教练员个体通过采取直接行动来改变导致“工作—家庭”冲突的环境因素,通过寻求与别人合作和别人的帮助以促使“工作—家庭”冲突环境因素发生变化,从而减少或消除冲突。这两种策略都通过改变问题的产生环境来减少或消除冲突,所以被称为“问题中心型策略”。

---

① R. S. Lazarus, S. Folkman, *Stress, Appraisal, and Coping*, New York: NY. Springer, 1984.

② Rotondo M. Denise, Dawn S. Carlson, Joel F. Kincaid, “Coping with Multiple Dimensions of Work-Family Conflict,” *Personnel Review*, 2003, 32(3): 275-296.

③ T. R. Nielson, D. Carlson, M. J. Lankau, “The Supportive as a Means of Reducing Work-Family Conflict,” *Journal of Vocational Behavior*, 2001, 59: 364-381.

④ Rotondo, M. Denise, Dawn S. Carlson, Joel F. Kincaid, “Coping with Multiple Dimensions of Work-Family Conflict,” *Personnel Review*, 2003, 32(3): 275-296.

(2)积极思维和回避/退让

教练员除了改变冲突环境因素外,还可以不通过改变问题的产生环境,而是通过控制和管理个人的认知或情绪来减少或消除冲突的影响。积极思维则是教练员通过乐观的思维或认知方式来控制自己的知觉,从而减少"工作—家庭"冲突的影响。回避/退让则是教练员个体通过漠视或忽略冲突的存在来减少冲突的影响。这两种策略被称为"情绪中心型策略"。

2. 家庭支持

在家庭支持方面,家人的鼓励和理解等支持行为,能够缓解教练员来自于家庭领域和工作领域的压力,从而降低"工作—家庭"冲突。家人,尤其是配偶的情感支持、物质支持、信息及陪伴等方面的家庭支持对教练员"工作—家庭"冲突具有很大的影响作用,能够缓解另一方其他领域的压力。配偶支持可以降低夫妻关系紧张带来的压力,缓解"家庭—工作"冲突,家庭支持可以促进"工作—家庭"增益。

3. 组织干预

组织干预的主体主要是教练员所在的国家队、省市项目管理中心(运动队)等。组织采取策略目的则是以期减少教练员在工作与家庭之间的冲突,提高工作绩效、组织承诺和工作满意度。教练员的组织应对策略关键是为教练员提供支持性的工作环境,主要包括正式制度、家庭友好政策与管理层支持,这些政策在减少"工作—家庭"冲突上有一定作用。① 正式制度主要包括政策和福利服务两个方面,政策是指为教练员提供灵活的工作安排,譬如正常的节假日、重要比赛前的休闲娱乐以及赛后时间的适度自由安排、

① P. Voydanoff, "The Effects of Work Demands and Resources on Work-to-family Conflict and Facilitation," *Journal of Marriage and the Family*, 2004, 69(66): 398-412.

舒适的办公环境等。家庭友好政策可以降低“工作—家庭”冲突带来的压力等。管理层的支持可以使教练员感受到更高的社会支持，可以提高教练员对工作和家庭责任感的控制，降低工作家庭消极压力的产生。组织对家庭的支持主要表现在组织对教练员承担家庭责任的支持，包括对教练员的子女、父母、祖父母、配偶、亲属的适当帮助等。

三、教练员的职业共生

（一）关于“社会共生”理论

“共生”的概念最早由德国生物学家德贝里（Anion de Bary）于 1879 年提出，是指为了生存的需要，两种或者多种生物之间必然按照某种模式互相依存和互相作用，形成共同生存、协同进化的共生关系。在共生关系中，一方为另一方提供有利于生存的帮助，同时也获得对方的帮助。两种生物共同生活在一起，相互依赖，彼此促进。

在社会学领域，“共生”被社会科学工作者借用或借鉴来研究人类社会。美国芝加哥经验社会学派称“共生被认为是支配城市区位秩序的最基本因素之一”，日本学者井上达认为“‘共生’是向异质开放的社会结合方式”。[①] 共生关系是两个共生单元之间为了提高各自对环境的适应能力，展开功能上的合作，从而形成的一种互为依存、优势互补、密切联系以及相互促进的关系。徐学军指出，共生关系的外延包括合作的范围（如共生广度）、合作的深度（共生深度）、合作的紧密程度（指共生组织模式）以及利益的分配机制（利益分配

① ［日］黑川纪章：《新共生思想》序言，覃力译，中国建筑工业出版社 2010 年版。

的对称程度,指共生行为模式)。[①] 我国社会学家胡守钧提出了社会共生理论,认为共生是人的基本存在方式,处在同一社会中的人们为了生存,必然建立起共生关系,社会共生至少必须由主体要素(指人以及由人构成的组织)、资源要素(指在一定的时间、地点、条件下,能产生某些效能以满足人之需要者)、约束条件(包括法律、道德、风俗习惯、宗教、意识形态、约定等)三大部分。[②]

综合来看,社会共生理论是形式上借用生物共生理论的某些概念和规律,并结合人类和人类社会自身的一些特性来归纳、分析人类社会的现象,寻找人类社会存在和发展的基本规律。因此,社会共生理论实质上是从共生角度来分析研究人类社会现象的一种社会理论。[③] 可见,共生是一种自然现象,也是一种社会现象;共生不仅是一种生物识别机制,也是一种社会识别机制。

(二)教练员的"职业共生"

每一个人都生活在共生网络里,社会由各个层面的共生系统所组成。由于教练员生活在不同的场域中,所构建的网络有所差异,本书仅探讨教练员职业工作领域的共生。教练员的职业共生是指教练员与运动员、科技人员、教练员等主体之间互利共生、和谐发展的工作状态和工作模式。

教练员的"职业共生"至少包括了四个方面的含义:其一,两个以上的独立主体的共同存在;其二,教练员等共生主体是为了提高各自对环境的适应能力,获取某些资源,共生主体要在合理的"度"之内分享资源;其三,共生主体的共同存在是相互需求的、动态的、

---

① 参见徐学军:《助推新世纪的经济腾飞:中国生产性服务业巡礼》,科学出版社2008年版,第36页。

② 参见胡守钧:《社会共生论》,复旦大学出版社2006年版,第21页。

③ 参见袁纯清:《和谐与共生》,社会科学文献出版社2008年版,第22页。

活生生的;其四,“共生”包含了合作与竞争,在合作中竞争,在竞争中加强合作。“共生”不仅仅包含存在、生存,不是事物的简单延伸,而是吸收了新的质、新的内涵、新的要素,从而有着改进、提高、优化、发展含义。

1. 教练员与运动员的共生

教练员与运动员的关系是一种社会共生关系,即处在一定历史时期、社会制度、文化系统中的教练员和运动员之间的互利共生、和谐发展的生存状态和生存模式。① 教练员与运动员的关系是从事竞技体育的社会群体中最基本、最核心的关系,在竞技运动中起着决定性的作用。教练员与运动员的共生关系对于运动员的竞技表现、训练满意度、训练投入、职业生涯等都有着至关重要的影响。从资源要素看,教练员能够满足运动员需要的“资源”主要包括教练员的文化资本、社会资本以及教练技术等。运动员所能满足教练员需要的“资源”主要体现运动员进步给教练员所带来的成就感、荣誉等精神鼓励以及金钱等物质鼓励。教练员与运动员欲建立或维持共生关系需要特定的约束条件,这也是二者所必须遵守的条件,这些条件包括尊重与信任。按照澳大利亚著名教练员罗尼(Ronnie)的观点,教练员与运动员之间的关系如果没有信任和尊重,运动训练过程将不可想象,因为信任和尊重既是运动员获得自信的来源,也是教练员有效执教的基本动力。尊重和信任不仅能够改善教练员与运动员的人际关系,更能够增加教练员实施训练计划的效益。信任和尊重可以导致运动员尽早进入运动状态、提升注意力及增强对计划的执行能力。

2. 教练员与教练员的共生

教练员之间的共生亦属于职业共生的重要构成,既体现了教

① 参见郭修金、胡守钧:《我国教练员与运动员社会共生关系的基本要素研究》,《成都体育学院学报》2011 年第 7 期。

练员之间的竞争与合作，更体现了其互补性。互补性指的是教练员和教练员之间的互动和相互合作、相互帮助，特别体现在训练过程中的行为表现。互补性反映的是教练员之间以一种友好的、相互的、不复杂的环境来共同努力以提高运动项目总体竞技水平。教练员之间“资源”的需求更多是相互之间训练理念、训练方法与手段的相互学习与借鉴，运动项目领域信息的共享等。教练员之间共生的约束条件则是教练员的职业道德规范、运动项目管理办法以及体育的相关政策等。

3.教练员与科技人员的共生

教练员训练水平的提高及其“带训”队员成绩的获得离不开科技人员的保障、科技人员自身的发展(如职称递升、课题申报与完成等)，也离不开教练员的参与，这无疑构成了互益共荣的教练员与科技人员的共生关系。其实，国家体育总局重视运动训练复合型团队建设也正说明了这一点，倡导以教练员与科技人员的共生关系构建。教练员与科技人员的共生关系建立在互益共荣条件之上，通过合作达成相互促进、相互提升、共同收益的目的。教练员需要从这一社会网络关系中获取资源，也就是科技人员的服务保障，以尽快解决运动训练中出现的问题，在比赛中取得优异成绩。科技人员则是通过合作履行科研(服务)职责以及完成科研绩效，高水平运动队的科技需求是科研人员获取攻关课题不竭的来源，直接参与高水平竞技训练实践是科研人员从事攻关服务最好的平台和途径等等。教练员与科技人员共生的约束条件则是基于职业道德(譬如科研过程中的保密)、科技服务保障协议以及国家不同层级职能部门制定的人才科研相关政策等。

4.教练员与上级领导的共生

无论教练员处于哪一个层次，均会与领导产生必需的共生关系，这种关系体现了二者之间的博弈平衡与共在。就教练员而言，教练员的发展离不开上级领导的支持，教练员在运动训练过程中遇到的经费、物质等困难的解决需要上级领导的帮助，而上级领导受制于竞技体育体制的影响，如何完成上级规定任务也是其所面临的问题，毕竟"政绩"决定了个人的"位子"，而这些"政绩"或"规定任务"需要教练员来完成，一方的存在影响到另一方的存在。因此，教练员与上级领导的共生关系实际上是一种博弈平衡和共在关系。

【案例】

情同父子——中国体操男队师徒黄玉斌与杨威[1]

朝夕相处 11 年，不是父子早已情同父子。黄玉斌与杨威，这对困境中坚守的师徒，2008 年 8 月 14 日终于在奥运舞台上体验了苦尽甘来的幸福。

师徒同心，共度时艰。2000 年悉尼奥运会，杨威以微弱的劣势负于俄罗斯名将涅莫夫，夺得个人全能银牌。2004 年雅典奥运会，怀着夺冠梦想的杨威与中国队惨败而归。经历失败的中国体操也问题百出。备受打击的杨威异常消沉，几度萌发退役想法。是在消沉中退出，还是在失意中奋起？黄玉斌选择了再战。"我到了杨威的家乡湖北，在神农架与杨威谈了 10 天，与他沟通，动员他，要他参加奥运会。我告诉杨威，这是百年不遇的机会，你有实力！"杨威终于坚定信心再战。黄玉斌也于 2006 年 5 月重掌国家队。师徒再度携手同心，共度时艰。

弟子夺金，师父"贴金"。2008 年 8 月 14 日，杨威的个人全能决赛，在看台上的黄玉斌自言"更紧张"。"我赛前告诉杨威，他没有对手，对手就是他自己。"杨威在跳马比赛后开始领先。这时，看台上的黄玉斌忙用手机叮嘱正准备上场的杨威："领先优势大，你放开比，放开后心还要细，不要大意，免得后两项出失误，丢掉金

---

① 《黄玉斌与杨威朝夕相处 11 年，师徒困境中坚守》，http://www.xinhua.com/ay/zgja/dl/2008/08/1106166.html，2008 年 8 月 15 日，有改动。

牌。要胆大心细！”杨威夺金后，黄玉斌特别高兴，一个劲地往杨威脸上“贴金”：“要知道，全能金牌是皇冠上的一颗明珠。分量最重的团体金牌是皇冠，其次就是这个皇冠上的明珠——个人全能了。”“杨威今天的金牌是水到渠成。2007 年世锦赛上，杨威甚至在单杠脱手的情况下仍然拿了冠军。这说明他六个项目的整体实力已经高出其他选手一筹。”黄玉斌早就为杨威“千年老二”的帽子抱不平，杨威今天的胜利更让黄玉斌放出豪语：“应该（把它）扔到太平洋里去了！”

他既是家长，也是朋友。11 年的相处，黄玉斌一举一动、一言一语都对杨威充满关爱：“我们之间的默契，我们的感情交流，可以说是情同父子，他跟我待在一起的时间比他父母还要长。”“奥运会后要让杨威好好调整一下，他今后的路还很长，我们一定要把握好，把他榨干了可千万不行！”杨威为了中国男队的翻身之战，与杨云的婚期一再推迟。黄玉斌今天一高兴不小心将杨威已登记结婚的“天机”泄露了。他表示，杨威可以办婚礼了。但接下来“结婚了也还可以练”的一句话，又把黄玉斌对杨威的难舍之情尽显无疑。对黄玉斌，杨威则充满敬重与感恩之情：“我今天这块金牌是黄导北京奥运会上的第二块金牌，很有意义。我跟黄导这么多年，我做什么决定都要与黄导商量。他是一个家长，一个长辈，一个朋友，他一直在后面推着我走，是黄导把我踹到了今天的领奖台上。”

第二节　教练员的社会支持

一、教练员的社会支持

“社会支持”是一个既包括个体内在认知因素又包括环境因素的多维度概念。它作为科学的研究对象和专业概念，其内涵并未达到统一,研究者从不同的角度出发对这一概念有不同的理解。有学者指出,社会支持是指人们感受到的来自他人的关心和支持,是一个人通过社会联系所获得的能减轻心理应激、缓解紧张状态、提高社会适应能力的影响。[①]

目前,社会支持的分类有多种方式:依据社会支持的内容,可以分为工具性支持(指提供财力帮助、物质资源或所需服务等)、情感支持(涉及个体表达的共情、关心和爱意,使人感到温暖与信任)、信息性支持(指提供相关的信息以帮助个体应对当前的困难,一般采用建议或指导的形式)、同伴性支持(即能够与他人共度时光,从事消遣或娱乐活动,这可以满足个体与他人接触的需要,转移个体对压力问题的忧虑或通过他人直接带来正面的情绪以降低个体对压力的反应)。依据社会支持的性质,可以分为实际的支持或行动的支持(指个体在面临压力时,支持网络所提供的具体的支持行为,包括物质上的直接援助和社会网络、团体关系的援助,这类支持独立于个体的感受,是客观存在的现实)、知觉的支持(主要指支持的可获得性和对支持的总体满意度,它与个体的主观感受密切相关。虽然被感知到的现实不是真正的现实,但被感知到的现实却是个体心理的现实,而正是心理的现实作为中介变量影响人的行为和发展)。

根据社会支持的相关研究,本书认为教练员的社会支持主要包括情绪支持(如共鸣、情爱、信赖、倾听、尊重、关怀、理解等的亲密互动)、手段支持(包括金钱或实物等的有形援助、劳动分担等具体的行为支持、制度支持)、情报支持(提供应对情报、建议等)、评价支持(提供关于自我评价的情报),主要来源于国家支持、组织支持和个体支持三个方面,并且不同支持主体对教练员的支持内容往往会有所侧重。

---

① 参见李强:《社会支持与个体心理健康》,《天津社会科学》1998 年第 1 期。

二、教练员的国家支持

（一）国家支持的特点

国家层面对教练员的社会支持主要表现在以下几个方面：一是加强制度供给。制度包括长期的和短期（阶段）专项性措施，体现了国家层面的手段支持。国家人事、体育、教育等部门是教练员国家支持的主体，这些支持主体通过建立、完善和落实与教练员相关的制度，譬如教练员培训制度、教练员职称等级制度、教练员选拔制度、教练员奖励制度等，力图确定教练员的职责义务，加强教练员的权益保障等。二是专项创新性活动。国家行政部门通过实施一些专项性创新性活动，推动教练员发展或给予教练员特定的社会支持，这些活动涉及教练员荣誉等精神层面的内容。这些社会支持一旦使用合理，往往会激发起教练员的工作热情，能够激励教练员将精力投入到运动训练和推动项目发展过程之中。

（二）国家支持的重点及方式

1. 教练员岗位培训制度

教练员岗位培训是按不同的运动项目和教练员的技术职务等级要求，对教练员进行以提高指导训练、指挥竞赛、管理队伍能力和职业道德水平为重点，以提高教练员综合职业能力为目的的培训。它包括教练员为获取任职、晋升资格必需的基础培训和晋升上岗后的继续培训两部分，属职业定向培训。从 1987 年起，经过对体育教练员岗位培训制度研定初步方案并进行试点、建立制度框架并逐步推广、逐步完善制度并全面实施培训三个阶段的长期努力，具有中国特色的体育教练员岗位培训制度框架已基本形成，体育教练员岗位培训初见成效。教练员岗位培训制度以田径、游泳、体操等 18 个奥运会重点项目为重点，逐步铺开。已建立的培训制度促进了我国教练员队伍继续教育向着规范化、制度化的方向发展，但也应该看到这一制度与现行职业培训制度的要求仍有差距。

2. 教练员职务等级制度

为发挥我国体育教练员的积极性、创造性，提高训练教学水平和指挥、管理能力，促进我国体育运动技术水平的迅速提高，1994 年中华人民共和国人事部和中华人民共和国体育运动委员会（现国家体育总局）联合下发了《体育教练员职务等级标准》（以下简称《标准》），作为体委系统从事体育训练教学的教练员聘用和晋升专业技术职务的唯一适用文件。《标准》规定了教练员名称、等级、各级教练员的岗位职责、任职条件、审定权限、职务聘任和晋升等。《标准》中将体育教练员职务划分为三等级、五大类。职务名称分为三级教练、二级教练、一级教练、高级教练、国家级教练。其中三级、二级教练为初级职务，一级教练为中级职务，高级、国家级教练为高级职务。在岗位职责中规定了各级教练员所应承担的责任。

3. 教练员选拔制度

教练员通过选拔与竞聘进入更高层次的运动员队伍或教练员队伍，往往是其能力的体现或专业水平的表现，这对教练员专业发展具有重要意义。这种选拔（激励）能够激发教练员的工作热情和工作投入。国家有关部门也积极推进教练员的选拔工作，譬如国家体育总局在 2015 年制定了《国家队运动员、教练员选拔与监督工作管理规定（试行）》（以下简称《规定》），通过制度规范了国家队教练员选拔工作的监督与管理，提高选拔工作的科学性和透明度，确保选拔工作的公开、公正、公平。《规定》要求各运动项目管理中心国家队的主（总）教练员原则上通过竞聘上岗方式产生。主（总）教练员竞聘的办法、条件、程序和方式由单项体育协会教练员委员会提出并经项目中心主任办公会同意后实施。国家队根据相关规则制定项目协会的教练员选拔实施细则，并开展国家队教练员选拔与竞聘工作。其实，这些工作从社会支持角度看，都是国家层面对教练员支持的重要举措。

【案例】

国家田径队公开面向社会招聘田径教练员①

国家田径队教练员竞聘会议 2017 年 10 月 25～27 日在北京举行。为了组建强有力的国家队，选聘思想觉悟高、业务能力强、愿意承担 2020 年东京奥运会任务的高水平教练员，根据田径项目备战东京奥运会备战方案的整体部署，国家体育总局田径中心决定面向全社会公开招聘国家田径队教练员。

为保证竞聘工作有序开展，田径中心成立了竞聘工作领导小组，组长由田径中心主任于洪臣担任。同时还成立了国家队竞聘工作专家组，组长由原国家队总教练冯树勇担任，专家组由余维立、阚福林、胡新民、王斌、陈圣平等田径界知名专家组成。专家组将根据参与竞聘教练员的应聘条件、竞聘陈述和思想业务能力表现等对参聘人员进行评估并向领导小组提出推荐人员名单，领导小组根据专家组建议组织集体审议，最后确定国家队教练员人选。

此前田径中心已经在 10 月 11 日发布了招聘通知，公布了国家队 21 个公开招聘的岗位、条件和竞聘程序。在规定的时间内，共收到来自国内 18 个省市部队院校的 31 名教练员的报名，其中包括孙海平、胡树森、张阜新、李梅素等知名教练。

4. 教练员奖励性制度

教练员的奖励包括物质奖励和精神奖励两方面。

在物质奖励方面，为加快发展我国体育事业，调动教练员的

---

① 葛会忠：《国家田径队公开面向社会招聘田径教练员》，2017 年 10 月 27 日《中国体育报》，有改动。

积极性和创造性，提高运动技术水平，根据《国务院关于机关和事业单位工作人员工资制度改革问题的通知》和人事部、国家体委《关于印发〈体育运动员、教练员贯彻事业单位工作人员工资制度改革方案〉的实施意见的通知》等文件精神，国家体育总局制定了《运动员教练员奖励实施办法》（以下简称《奖励办法》）。《奖励办法》规定，教练员的奖励应根据比赛（培训）成绩并结合政治思想、道德作风、法纪观念等方面的情况全面评定，教练员所培训的运动员获得奖励名次或创纪录的，该教练员获得培训成绩奖，培训成绩奖金标准与所培训的运动员奖金标准相同。在教练员的培训成绩奖金数额内，要根据培训该运动员的时间和实际贡献，具体评发现任主管教练员、输送教练员和本队其他有关教练员的奖金等等。

在精神奖励层面，为了鼓励教练员工作，国家有关部门制定了多种专项政策并开展有关工作。

(1)体育运动奖章授予

为鼓励和表彰优秀运动员、教练员在年度重大国际比赛中取得的优异运动成绩和为国家做出的突出贡献，根据《中华人民共和国体育法》制定了《运动员、教练员体育运动奖章授予办法》等。根据相关政策，各级体育行政部门积极推进教练员的相关奖励工作。譬如：国家体育总局为了表彰 2016 年度取得优异成绩的运动员和教练员，根据《运动员、教练员体育运动奖章授予办法》的规定，决定授予徐国义等 112 名教练员 2016 年度体育运动荣誉奖章，授予韩冰岩等 74 名教练员 2016 年度体育运动一级奖章。

(2)精英教练员选拔与资助

为了培养一批具有国际视野、创新思维和较高执教水平的领军型教练，推进竞技体育可持续发展，国家体育总局在 2012 年制定了《国家体育总局精英教练员双百培养计划实施办法》，组织实施《精英教练员双百培养计划》（以下简称《双百计划》）。《双百计划》规定，国家体育总局分别给予专业运动队教练员和业余训练教练员每人30万元、15万元的资助。国家体育总局将对获得资助的教练员进行专门培训和培养，主要方式包括选派教练员到相应的国家队和国家青年队等执教、学习、培训，开展训练参赛关键问题研究与协作攻关，组织精英教练员出国研修和参加国际、国内大赛观摩和高层次培训等等。

同时，《双百计划》也规定了获得资助教练员的义务，譬如：获得资助教练员将作为国家体育总局教练员学院培训讲师，承担教练员培训任务；获得资助教练员在三年资助期间，需每年填写《精英教练员双百培养计划年度进展报告》，报告材料内容包括本项目国内外专项训练理念、训练方法和技战术发展趋势的研究报告，项目规律的专题研究报告，年度训练参赛计划及总结报告，重点运动员培养典型案例，复合型团队建设和攻关情况，参加各类学习、培训总结，发表论文和出版专著等等。

国家体育总局组织申报、选拔精英教练员工作，截至2018年，共计100人获得资助（2017年60人，2018年40人）。在培养实践上，国家体育总局分别于2017年和2018年派送获得资助的精英教练员赴澳大利亚和美国参加培训。

【案例】

国家体育总局精英教练员证书授予暨2018～2020精英教练员双百培养计划专业队资助对象开班仪式举行[①]

由体育总局竞技体育司主办、体育总局教练员学院承办、南京体育学院协办的国家体育总局精英教练员证书授予暨2018～

---

① 国家体育总局竞技体育司：《国家体育总局精英教练员证书授予暨2018～2020精英教练员双百培养计划专业队资助对象开班仪式举行》，http://www.sport.gov.cn/n316/n337/c861456/content.html，2018年6月4日，有改动。

2020精英教练员双百培养计划专业队资助对象开班仪式于5月30日上午在南京体育学院举行。

竞技体育司、中国体育报社、南京体院，浙江、江苏、天津等体育局领导和总局精英教练专业队资助对象共计100人参加了会议。会上，南京体育学院杨国庆院长致辞，郭涛介绍了总局教练员学院培养工作经验做法。柔道教练吴卫凤作为第一期精英教练员资助对象代表发言。在发言中，他谈到精英教练员双百计划的实施为自己提供了高端培养平台，开阔了视野，提升了境界，提高了认识把握项目规律的能力，为在世界大赛和奥运会上取得优异成绩提供了强大力量。黄文红作为新入选的第三期精英教练员专业队资助代表，在发言中表示，在未来三年培养周期内将严格遵照总局要求，端正态度，完成好各阶段培养任务。张亚东、王伟中作为培养单位代表介绍了精英教练员资助对象培养的具体措施。

竞技体育司刘国永司长为完成资助培养计划的第一期和第二期精英教练员颁发了“国家体育总局精英教练员”证书，并与第三期精英教练员专业队资助对象培养单位签订了培养责任书仪式。刘国永司长在讲话中指出，精英教练员是决定我国竞技体育发展的第一资源，是我国体育发展的战略资源。精英教练员《双百计划》是国家体育总局实施的一项战略举措，前两期培训我们积累了一定的经验，培养出一批专家型教练，总结出版了《精英教练员执教之道》等著作，成为我国优秀教练员总结执教理念与训练方法的成果，加快我国训练理论与方法的创新步伐，得到全国体育界广泛认可。在未来第三期精英教练员培养过程中，我们将认真贯彻落实局党组“以备战促改革，以改革强备战”的指示精神，不断总结培养工作经验，同时，根据东京奥运会和北京冬奥会备战需要，做好精英教练员培训工作的制度设计和体系建设，创新培训内容和培训形式，积极为教练员学习培训创造条件，组织好出国培训，组织系列学术活动，进一步提高培养质量和效益。

刘国永司长还强调，精英教练员资助对象培养单位要高度重视精英教练员培养培训工作，将精英教练员培养作为本单位、本地区和本项目发展的重要措施，还要做好经费使用和管理工作，发挥好经费使用的最大效益。精英教练员资助对象要做珍惜机遇，珍惜荣誉，不负众望，在三年资助培养期间不断提升自己的职业境界，树立远大奋斗目标，主动学习，系统思考，在行为上高标准严要求，不断提高业务水平和执教能力，努力带动本单位、本地区、本项目的训练科学化水平。牢记仲文局长提出的“具有国际视野，学最好的别人；立足国内实际，做最好的自己”的殷切嘱托，真正把自己打造成精英教练员。

(3)专项创新活动

专项创新活动往往是根据具体任务而设置，譬如师徒同台领奖。同台领奖是国家体育总局针对第十三届全运会推出的一项专项性创新活动。2017 年，体育总局印发了《关于第十三届全国运动会实施教练员激励政策的通知》，要求第十三届全国运动会颁奖仪式上为前 3 名运动员(队)颁发奖牌的同时，要为教练员颁发奖牌，还要在单项成绩公布和成绩册上标注主管教练员等。这一做法的主要目的就是国家体育总局为充分肯定教练员在竞技体育训练竞赛工作中的作用，激励教练员为竞技体育人才培养多作贡献。教练员同运动员一起上台领奖也成为全运赛场一道亮丽的风景线，对教练员具有很大的激励作用。

【案例】

第十三届全运会教练员运动员同台领奖①

颁奖乐曲响起，运动员和教练员共同走上领奖台，接受观众的

---

①　贺遐：《谈全运会——为教练员站上领奖台欢呼》，2017 年 9 月 3 日《中国体育报》，有改动。

共同欢呼。这在世界大赛上都难得一见的一幕却在全运会上成为常态。这也是第十三届全运会为了激励教练员而推出的一项改革措施。教练员和运动员共同上台领奖,这显然是全运会的创举。运动员是赛场上的焦点,特别是当他们站上领奖台、挂上奖牌的那一刻,接受全场所有观众的欢呼,光鲜耀目,这也是他们刻苦训练、奋勇拼搏所体现的价值。

然而,作为教练员,付出的并不比运动员少,甚至更多。运动员训练时,他们要认真关注队员的训练情况,殚精竭虑;训练外还要制定详细的训练计划,要找队员谈心了解队员的心理状况,为队员减压,呕心沥血;比赛时更要在场边紧盯比赛情况,不能有一点疏漏。全运会10公里马拉松女子冠军辛鑫就在赛后采访中动情地说:“金浩教练真的很累,付出真的很多,我们在水里训练,教练就在岸边站着,一站就是两个小时,同样风吹日晒。不夸张地说,奖牌有教练员一半的功劳。”为教练员运动员一同颁奖这一创新,不仅让教练员和运动员共同分享观众的欢呼,更是对教练员付出辛劳的肯定,同时也增加了教练员的荣誉感,从而激励教练员努力钻研,培养出更多的优秀运动员,为国家,也是为自己争光。从另一方面来说,这一创新也是全运会人性化的一面,体现了对于教练员的重视。

第十三届全运会乒乓球比赛颁奖结束后,冠军教练员邱贻可表示:“同队员们一起站在领奖台上,是对我们工作的肯定,也是一个激励。当然,奖牌不只是教练员的功劳,更是我们一个团队努力的结果。”国家拳击队的教练王延凯认为:“教练员在全运会上第一次和运动员一同登上领奖台,是国家体育总局看到了教练员辛勤付出的不易之处,给予教练员一个展现自己的机会。这种荣誉对教练员们是极大的鼓励,也让大家感到多年含辛茹苦的默默奉献与付出是值得的。”“我们非常开心,也非常感谢国家体育总局给予的机会。我们一定会更好地完成自己的本职工作,力争多培养优秀运动员为国争光!”

三、教练员的组织支持

(一)组织支持的特点

组织支持是艾森伯格(R. Eisenberger)等基于社会交换理论和互惠规范提出的概念,是指员工感受到来自组织对自己的关心、支持、认同等。[①] 组织支持不仅仅包括组织给予员工的尊重支持和亲密支持,还包括组织提供给员工为完成日常工作所需要的信息、培训以及工具和设备等工具性支持。[②] 国内研究认为,组织支持由工作支持、关心利益和员工价值认同三部分组成。[③]

个体缘何要从组织获取支持或组织为何为个体提供支持?缓解工作压力是组织支持存在的必要性所在。工作压力源的分类有多种多样,存在着不同的划分标准,其中之一就是根据压力源的性质,分为积极与消极两种。早在塞里(H. Selye)提出"压力"概念之时,该学者就认为压力有积极与消极之分,即良性—劣性压力(eustress-distress)。[④] 卡瓦诺(Cavanaugh)等调查发现工作压力可以依据其性质被划分为挑战性压力和阻断性压力两类。挑战性压力是指"个体认为对其职业生涯发展和自我成长有利的工作压力,包括工作超负荷、时间压力、工作职责多、岗位责任大等"。阻断性压力是指"个体认为阻碍其职业生涯发展和自我成长的工作压力,包括

---

① R. Eisenberger, R. Huntington, S. Hutchison, "Perceived Organizational Support," *Journal of Applied Psychology*, 1986, 71: 500-507.

② R. C. Mcmillan, *Customer Satisfaction and Organizational Support for Service Providers*, University of Florida Press, 1997.

③ 参见凌文辁、杨海军、方俐洛:《企业员工的组织支持感》,《心理学报》2006年第2期。

④ H. Selye, *Stress Without Distress*, Philadelphia: Lippincott, 1974.

角色模糊、组织政治、工作不安全感、职业发展受阻等”。[①] 另外，社会支持的直接作用已经得到了研究的普遍证实，社会支持可以降低个体知觉到的工作压力（源），帮助其形成积极的工作态度和行为倾向；社会支持可以帮助个体有效地应对压力情境，从而降低压力的危害程度。[②] 教练员也不例外，教练员同样面临各种压力，通过获得组织的社会支持以缓解或消除工作中的压力是其主要目的。

基于前文分析，教练员的组织社会支持内容包括情绪支持、手段支持、情报支持、评价支持。由于不同教练员所处的场域不同，本书所谈的“组织”指涉运动队、俱乐部等。

（二）组织支持的重点及方式

1. 教练员的绩效评估

因为组织赋予的权力，在一般组织中上级负责传达组织价值理念、目标，并对员工工作表现进行评估。有效的绩效管理体系可以提高教练员工作绩效，为教练员提供及时的绩效辅导，将组织目标通过绩效计划落实到教练员个体，依据绩效监督评估，通过反馈和调整最终实现教练员个体绩效目标与组织目标的一致。教练员绩效管理体系应当包括绩效计划、绩效实施、绩效评估、绩效反馈等环节，其作用在于通过组织对教练员进行指导、帮助和培训，促进教练员的发展和提高。因此，无论是运动队还是职业体育俱乐部，构建教练员工作绩效评价体系，对提高教练员的工作积极性，舒缓教练员工作压力等具有重要意义。

---

① M. A. Cavanaugh, W. R. Boswell, M. V. Roehling, et al, “An Empirical Examination of Self-reported Work Stress Among U S Managers,” *Journal of Applied Psychology*, 2000, 85(1): 65-74.

② S. Cohen, T. A. Wills, “Stress, Social Support, and the Buffering Hypothesis,” *Psychological Bulletin*, 1985, 98: 310-357.

2. 教练员的待遇与工作条件

待遇与工作条件包括薪酬、奖励、晋升、工作自主性、提升工作能力的培训等。薪酬、奖励和晋升体现了对教练员工作表现及贡献的认可。国家支持内容中已经分析了国家层面制定的教练员奖励、晋升制度和具体措施等，各省市根据《关于印发〈体育运动员贯彻事业单位工作人员收入分配制度改革方案〉的实施意见》(国人部发〔2006〕129 号)也纷纷制定了各自的教练员奖励办法。在薪酬上，要结合教练员所在的场域建立薪酬体系，竞技体育体制内的教练员多是事业单位人员，薪酬根据国家相关规定执行。工作自主权是组织员工对自己的工作方法、步调和完成既定工作任务的控制程度，组织通过提供工作设计以及发展规划指导等来建立组织成员工作自主性的实践机会和平台，工作自主性是对教练员工作的高度信任。因此，作为组织如何建立合理的规章制度和运行机制保障或支持教练员工作自主性，考验着组织的支持力度及效果。培训是对教练员自我发展的组织承诺兑现，教练员参与国家层面组织的教练员培训是一条重要渠道，但是这一渠道明显太窄，国家层面的培训多是针对教练员中的精英而展开。因此，各项目协会或项目运动管理中心要开展全方位、多轮次、多人次的教练员培训，以满足教练员培训需求。

3. 教练员的组织公平

组织公平是存在于组织中被员工知觉到的公平。组织公平有三种形式：分配公平、程序公平和互动公平。分配公平指员工对获得的报酬(即分配的结果)知觉到的公平，程序公平指员工对用于报酬决策的方法(或程序)所知觉到的公平，互动公平指个人所感受到的人与人之间交往的质量。[①]

另外，组织中的公平也可划分为两个层面：第一层面为组织公

① 参见陆雄文：《管理学大辞典》，上海辞书出版社 2013 年版，第 55 页。

平的客观状态。这一层面上人们可以不断地改善和发展各种组织制度、建立相应的程序和措施来达到组织公平。第二层面为组织公平感,即在组织中成员对组织公平的主观感受。这二者有联系,但也存在差别。一个公平的制度如果不被员工所认识和接纳,它对员工行为的影响力就不能得到充分的发挥。因此,从组织行为学的角度上讲,组织公平对个体更为重要。教练员深处组织之中,其所处的组织中势必也存在上述组织公平现象,本书将借鉴组织公平理论分析教练员的组织公平问题。

(1)分配公平感

美国心理学家亚当斯提出了著名的“公平理论”,也称为“社会比较理论”。他强调,员工的公平感主要来自于对报酬数量的公平性的感受,员工总是将产出(即从组织得到的回报)与自己对组织的投入(包括个人拥有的技能、努力、教育、培训、经验等因素)的比例,与他人的产出和投入比例进行对比。当比例不相等时,就会产生不公平感。这种不公平感会使个体经历紧张或焦虑的心理状态,进而寻求解决方法以求公平重建。这些重建手段包括心理上的和行为上的,如改变自己的投入、改变他人的产出、重新认知自己的投入和产出、对他人采取行动(如改变或重新认知他人的投入和产出,或迫使他人离开)、改变比较对象或选择离开。教练员的分配公平感也就是教练员对运动队或俱乐部报酬的分配结果是否公平的感受。分配不公平感导致教练员降低其工作绩效,与同事合作减少,降低工作质量。

(2)程序公平感

教练员的程序公平感也就是教练员对用作报酬决策的方法(即程序)是否公平的感受。当教练员认为决策过程不公开时,往往会降低对组织的承诺,产生更多的偷懒行为以及低绩效行为。

如何最大限度地确保组织中事关教练员的程序公平,可以借鉴以下标准:一是一致性规则,即分配程序对不同的人员或在不同的时间应保持一致性;二是避免偏见规则,即在分配过程中应该抛弃个人的私利和偏见;三是准确性规则,即决策应该依据正确的信息;四是可修正规则,即决策应有可修正的机会;五是代表性规则,即分配程序能代表和反映所有相关人员的利益;六是道德与伦理规则,即分配程序必须符合一般能够接受的道德与伦理标准。这些标准基本上代表了实现组织公平的主要程序内容,如果组织严格按照这些要求执行,教练员的公平感会得到提高。

(3)互动公平感

互动公平也可称为"人际关系公平",是个人所感受到的人与人之间交往的质量。格林伯格(Geenberg)认为互动公平包括两种成分:一种是人际公平,主要指在执行程序或决定结果时,权威或上级对待下属是否有礼貌、是否考虑到对方的尊严、是否尊重对方人格等;另一种是信息公平,主要指是否给当事人传达了应有的信息,即要给当事人提供一些解释,如为什么要用某种形式的程序或为什么要用特定的方式分配奖酬。[①] 其实,教练员所在运动队或俱乐部的管理者能否在执行程序或决定结果时对教练员表现出尊重,教练员很快就能觉察,或者教练员往往在日常工作中已经形成印象或自己的判断。不论分配结果是否公平,教练员也能最早获得这些信息,而且还会对这些信息产生反应,这就需要信息提供者对教练员的反应作出积极回应。

如何建立教练员的组织公平感,作为组织管理者或上级应采取以下措施:

(1)建立科学的绩效评估和薪酬体系

根据分配公平的理论,影响员工分配公平感受的核心是投入和回报。目前,教练员的投入指标主要体现在德、能、勤、绩几个方面,如何对教练员的贡献作出科学、准确的评估,是教练员获得分

① 参见陆雄文:《管理学大辞典》,上海辞书出版社 2013 年版,第 61 页。

配公平的基础。在实施教练员评价时，组织要构建一套稳定的、系统的绩效评估体系，严格科学地实施绩效考评，并且要将绩效考评的结果与晋升、培训和薪酬紧密地结合起来。

另外，要做好教练员薪酬（奖励）体系建设工作。薪酬体系建设要考虑到内部公平和外部公平两个方面。内部公平是要按照教练员的岗位及其职责、业绩以及比赛类别等，将教练员的薪酬（奖励）分门别类，形成一套内部的系统，让教练员在相互比较时，感受到分配公平。外部公平是尽可能采用社会上相同、可比的岗位或者其他省市同等条件下相似的薪酬，如果差距太大，就容易使教练员产生工作投入不足等问题。

(2)完善教练员的参与制度

根据瑟保特（Thibaut）和沃尔克（Walker）的研究，不管最终的分配结果是否公平，只要员工有参与的权利，而且实际参与了，公平感就会显著地提高。教练员参与有许多优点：一是可以代表教练员的利益，使分配的程序具有公平性；二是可以监督分配制度的执行，即使是暂时不合理的制度，只要严格按制度执行，教练员一般也会产生公平感；三是改善上下级关系，尽管在运动队或俱乐部中教练员与上级之间权力距离比较大，但如果提供教练员参与的渠道，上下级就都有了表达自己意见的机会，有利于增进相互理解。教练员可参与的组织制度包括很多，如运动队或俱乐部发展战略、分配制度、奖励制度、晋升制度和考评制度等的制定和实施。教练员在参与中了解了制度制定的原则、利弊，能很好地配合组织政策的实施，减少改革的阻力，提高教练员的积极性。

(3)建立申诉制度

根据瑟保特等的研究，申诉是产生公平感的重要影响因素，如果制度在实施过程中缺乏申诉，也就难以严格执行。那么，如何保证制度的逐步完善，如何让合理的制度能够得到有效实施，推行申诉制度就显得十分重要。教练员的申诉有许多形式，正常的申诉渠道是通过组织管理者逐级上报有关部门;如果教练员有顾虑,还可以设立匿名信箱、申诉电话和网站等。

(4)保持制度政策的稳定性和可完善性

根据莱文瑟尔(Leventhal)等的研究,政策的稳定性和可完善性是程序公平的重要组成部分。在运动队或俱乐部,很多改革发展是渐进式的,一些政策不够稳定,往往出现“新人新办法,老人老办法”的现象。如果组织政策变更过于频繁,就与程序公平中的一致性规则相矛盾,会使教练员无所适从并产生不公平感。但是稳定是相对的,稳定中要有必要的可修改性,才能使政策和措施不断改进和完善。

(5)建立协商对话制度

协商对话制度以制度的形式确保领导与群众之间、群众之间以平等的身份进行面对面的对话协商,以便做到上情下达,下情上达,彼此沟通,相互理解,达到调整各自行为,协调各方面关系的目的。协商对话具有信息交流的双向性、信息交流主体的平等性、信息交流的直接性、信息交流的高效性和准确性以及信息交流的公开性等特点。借鉴协商对话的做法,作为教练员所在的组织内部也应建立协商对话制度以及具体的运行机制。协商对话能够集中组织内个体的智慧和正确意见,使组织决策更符合组织内部群体的利益和愿望,实现决策的民主化和科学化。建立协商对话制度,能够有效地协调各种组织内部的关系,有助于统一组织成员的认识和行动。协商对话作不仅是制度规范,而且要具体实践。协商对话可有多种方式,如:纵向对话,即上级与教练员之间的对话,沟通上下关系;横向对话,即组织内不同个体或群体之间的对话,增进群体的相互了解。

四、教练员的家庭支持

（一）家庭支持的特点

家庭支持是教练员工作的基石，对个体影响重大。教练员的家庭支持主体是由配偶、子女和亲属构成的，是建立在婚姻及血缘关系基础上的亲情支持网络。关于家庭支持，金（L. A. King）等认为家庭支持是家庭成员提供的支持，包括情感性支持（对个体的工作感兴趣）和工具性支持（帮助履行家庭角色职责）两个维度。[①] 艾坎（Z. Aycan）和阿斯金（M. Eskin）认为配偶支持是夫妻一方提供给另一方的支持等，包括情感性支持（倾听、理解和关心等）和工具性支持（帮助料理家务和照顾孩子）两种形式。[②] 萧（O. L. Siu）等认为家庭支持是能够增强个体工作投入的资源，家庭成员通过提供工具性建议和情感性资源帮助个体更好地实现工作目标。[③] 李永鑫等认为家庭支持是来自家庭领域帮助个体履行工作职责的社会支持，包括情感支持（如家人给予精神支持和鼓励）和工具性支持（如家人多承担家务）两个维度。[④]

---

① L. A. King, L. K. Mattimore, D. W. King, G. A. Adams, "Family Support Inventory for Workers: A New Measure of Perceived Social Support from Family Members," *Journal of Organizational Behavior*, 1995, 16(3):235-258.

② Z. Aycan, M. Eskin, "Relative Contributions of Childcare, Spousal Support, and Organizational Support in Reducing Work-family Conflict for Men and Women: The Case of Turkey," *Sex Roles*, 2005, 53(7-8):453-471.

③ O. L. Siu, J. F. Lu, P. Brough, C. Q. Lu, A. B. Bakker, T. Kalliath, et al. "Role Resources and Work-family Enrichment: The Role of Work Engagement," *Journal of Vocational Behavior*, 2010, 77(3):470-480.

④ 参见李永鑫、赵娜：《工作—家庭支持的结构与测量及其调节作用》，《心理学报》2009 年第 9 期。

从功能上看，首先，教练员的家庭支持可以帮助教练员更好地履行工作职责，集中精力从事运动训练管理工作。配偶对教练员的工作支持度越高，个体的工作相关结果越显著，家庭支持与教练员工作满意度呈正相关。家庭支持越高，越能够帮助教练员应对工作领域的角色，通过提升工作表现促进工作—家庭平衡，这是家庭支持最主要的功能。其次，家庭支持帮助教练员更好地履行家庭职责，家庭支持是帮助教练员更好履行家庭职责的重要资源，对婚姻满意度、家庭时间承诺和婚姻适应等衡量家庭角色表现的指标有积极影响。配偶支持与教练员的婚姻满意感呈正相关，配偶提供的支持越多，教练员把时间和精力投入到家庭领域的意愿越强。

（二）家庭支持的重点和方式

1. 情感支持

给予教练员情感上的支持是家庭支持的重点。教练员长期单一的训练工作，往往会面临一些问题，得到家庭成员给予的处理问题意见非常有必要，教练员也希望得到家人的安慰和鼓励。家庭成员之间遇到问题要及时沟通、坦诚交谈等等。

2. 工具性支持

工具性支持指提供财力帮助等物质资源以及具体行为等。对教练员而言，时间和精力是其宝贵资源，资源支持主要侧重其配偶和父母激励和帮助教练员，一般涉及配偶和子女对教练员的关注度、对工作的肯定及配合度等。另外，限于工作时间关系，教练员可能在某段时间内难以顾及家庭，家人应多承担起家庭事务，配偶和父母在日常家务上越积极，越会减少个体在家庭事务中花费的时间，增加工作时间，提升教练员的工作成就感。

第七章　教练员教练技术的锤炼

第一节　教练员的决策技术

一、从众心理与决策的创新能力

从众心理，是指个人的观念与行为由于群体的引导和压力，不知不觉或不由自主地与多数人保持一致的社会心理现象。从众心理重的人容易接受暗示，依赖性强，无主见，人云亦云，常办违心的事。准确、合理的决策首先要避免从众心理，不受群体认识和态度的左右。从众，一方面给个人带来了淹没感，扼杀了个体乃至群体的创新勇气和锐气，禁锢思维，约束个性发展；另一方面，从众能够帮助自己汲取别人的经验和才智。其实，从众心理在教练员群体或运动训练过程中也普遍存在。教练员的从众心理既有个体因素，又有群体因素。

（一）个体因素

一是教练员的性别和年龄。一般而言，男性教练员比女性教练员更不容易从众。从年龄上看，年轻教练员由于对事物的理解或经验的不足，往往以其他个体尤其是某些教练员为行为参照系，从而表现出从众现象较老教练更加明显。二是教练员的个性特征。教练员个人的自信心、自尊心等都会影响到其从众观念、行为。自信心越高、自尊心越强，越不容易产生从众现象。三是教练员的资本。资本的丰富程度反映着教练员对运动训练过程的理解与把握，这些资本也是长年学习或经营积累的结果，资本越丰富，就越不易产生从众心理。

（二）群体因素

一是群体一致性。教练员在面对一致性的群体时所面临的从众压力是非常大的，也就往往容易产生从众现象。二是教练员在群体中的地位。场域中的行动者在场域中都会占据一定的位置，位置越高，所用的权力资本、社会资本等越多，越具有权威性，对他人的影响就会越明显或越不容易屈服于群体压力。

克服从众心理，并不意味着不听取他人意见，而是在他人意见基础上作出准确的决断。教练员要能从众多的决策建议、意见等中选取满意的、更为有效合理的方案，以及在紧急、关键时刻（如比赛期间）或紧要关头当机立断。作为一名优秀的教练员，在日常训练竞赛中要摆脱从众心理的束缚，发现一般人不能发现的问题，捕捉到更多的成才机遇，做到训练理念、思想解放，敢于打破训练常规、大胆探索，培育自己的决策能力。

【案例】

黄玉斌：力克众议创造奥运会金牌纪录[①]

2004 年雅典一役，中国体操队只得到了一枚鞍马单项金牌。在随后的 2005 年墨尔本世锦赛中，肖钦和程菲分别在鞍马和跳马上各获一枚金牌。中国队不仅在单项上的夺金点寥寥无几，而且

① 作者根据有关资料整理。

在个人全能上完全丧失了竞争力，女队干脆放弃了全能决赛的争夺。没有全能型选手，等于放弃了团体的争夺，也就主动放弃了体操强国的地位。团体拿不到，全能没有人，单项没实力，中国队很快就沦为一支“烂队”。而一年前，这支队伍被称为“梦之队”，杨威的全能，李小鹏的跳马、双杠，董震的吊环，范晔、张楠的平衡木，都是世界大赛夺金的热门，然而这些可能性已不复存在。十运会虽然也涌现出了一批新人，但还没达到能够在奥运会赛场上驰骋的水平。这样下去，2008 年这场家门口的盛宴，很难有所作为。

20 多年来，我国男子体操队之所以能够长盛不衰，归根结底是因为始终将团体冠军作为立队之本。雅典奥运会前，就曾一度出现过“团体金牌和单项金牌都算一块金牌”的争论。雅典受挫后，体操队重新提出“力保团体”的战略指导思想，但 2008 年奥运会的备战思路已转变为“团体与单项并重”。2008 年北京奥运会备战的开始阶段，并没有把争夺团体冠军列入战略部署，黄玉斌认为，放弃团体冠军是我国竞技体操有史以来最大的决策失误。这是延续了雅典奥运会的错误思路，给中国体操队造成的危害是巨大的。放弃团体冠军，中国体操队从根本上丧失了战略制高点。特别是在北京奥运会这百年一遇的好机会面前，放弃团体冠军的争夺，将丢尽国人的脸面。黄玉斌重回国家队后，又重新将团体金牌作为北京奥运会的主要争夺目标。

在备战奥运会前的一次预备会上，国家体操运动管理中心向国家体育总局领导汇报了 2008 年北京奥运会的金牌计划，中心领导及相关教练立下军令状，誓要在家门口夺得一枚金牌，夺金点重在“两马”，即程菲的跳马和肖钦的鞍马。但是，黄玉斌没有受众人意见的影响，力排众议，提出反对意见。他阐述了三点理由：第一，2004 年雅典奥运会时，中国队输得那么惨，还拿了一块金牌。北京奥运会天时、地利、人和，中国队都卧薪尝胆、从负开始了，竟然只报一块金牌。第二，举国体制，条件优越。第三，杨威等运动员在 2008 年时竞技状态正处于高峰阶段。事实证明,2008 年北京奥运会上,中国男子体操队包揽了 8 枚金牌中的 7 枚,反映了黄玉斌决策的科学性。

二、博学与决策的预见能力

(一)敏感捕捉能力

敏感捕捉能力是凭借对事物表象某种特有的直觉,判断事物未来的走向。这种预见性往往一时找不到事物的理性和客观论证,难以使外人理解和接受。但在训练比赛中往往会产生很多现象或信息,这些现象或信息也往往会给以启发,甚至对运动训练产生影响,也为教练员提供新的训练思路或方法。作为教练员尤其是高水平优秀教练员要有对现象的理解和提取能力,要敏感地感受到现象即将产生的价值。

(二)综合能力

综合能力就是透过众多繁杂的现象,挖出有价值的第一手客观材料,并按一定的线索或科学原则,对材料进行综合归纳处理,为决策提供可靠的客观依据的能力。对于教练员来说,要以开放的态度,准确和迅速地提炼出解决运动训练实践中出现问题的各种方案的能力。它包括两个基本要素:一是教练员要以开放和包容的思想、态度尽可能广泛地获取运动训练团队所提供的决策建议,特别是不要局限于传统的解决办法之中。二是针对运动训练中的各种决策建议、方案等进行有效提炼,以把握各种方案的本质和核心,正确地评估每个方案的条件及效果,分析各个方案实施的可能性。

（三）分析能力

分析能力是人在思维中把客观对象的整体分解为若干部分进行研究、认识的技能和本领。教练员具备良好的分析能力则有助于决策。运动训练是一种客观现象或客观事物，它是由不同要素、不同层次、不同规定性组成的统一整体。为了深刻认识运动训练过程，教练员可以把它的每个要素、层次、规定性在思维中暂时分割开来进行考察和研究，搞清楚每个环节的性质、环节之间的相互关系及其与整体的联系。

教练员可以通过以下方法提高分析能力：一是简单分解。仅列出一个清单，不指出各个对象间的内在联系或处理时的优先次序、轻重缓急。二是识别关系。根据训练任务的重要性对任务进行排序，初步认识某种情形下两个方面简单直接的因果关系。三是多重分解。对同一问题或情形的不同方面之间的关系进行分析（例如：对可能遇到的阻碍进行预测，并以此为基础制定下一步或几步的详细计划），将问题或事件进行多重因果链接，进一步认识到一个事件背后多种可能的原因和一个行动可能引起的多种结果，或一个事件中各个部分的多重因果关系。四是复杂分析。辨认出一个问题的多个方面，并对每一个方面进行详细说明，标出它们之间的复杂的因果关系，同时运用若干种演绎思维的方法（如因果关系、轻重缓急、时间顺序等），将复杂的问题或事物分解成部分进行分析判断；运用不同的分析技巧，进行复杂的计划或分析，在理性分析的基础上，对多种系统方案的优劣进行判断和选择（如成功的可能性、成本效益的比较、需求的急迫性、对未来的潜在影响等），不只是对问题进行一般的分解。

（四）预测能力

运动训练中教练员的决策与预测是密不可分的，预测是决策的基础，决策是预测的延续，正确的决策必须要有较为准确、客观、可靠的预测，如果没有准确的预测，将会导致决策失误。教练员要具备卓越的决策能力，首先应具备根据现有运动训练信息、资料、数据等准确地预测的能力。按照有关的逻辑关系及事物运作的内在规律，探索客观物质变化的新动向或新规律，指导今后的工作实践，以此提高决策的价值和可行性。

（五）自信力

教练员对自己所作出的任何一项预测预见，必须有充分的自信力，要能够经得起时间的考验，经得起实践的考验，要对自己负责，对社会负责，对工作负责。在运动训练实践中，很多成功的教练员一般都具有这种"先知先觉"的预见意识和能力，而这与他们深厚的理论素养是分不开的。所以，教练员要想提高这种预见能力，就应多学习，不断提高自己的知识宽度、深度。

【案例】

竞技体操规则评分体系重大变革下的中国体操队的机遇[①]

2006 年，国际体操联合会为了让裁判打分的人为因素降低到最少，将评分规则作了颠覆性的变动，突破了竞技体操具有象征意义的完美 10 分，运动员成套动作难度不封顶，扣分因素更加细化，以便能够更好地区分选手。新规则于 2006 年 1 月 1 日开始实施，可以说这是国际体操联合会成立 150 多年以来第一次如此翻天覆地的变革。

以前的规则限制了我们对高难度动作的运用，多少有点施展不开拳脚的感觉。"面对新规则，在确保动作质量的同时，各国都开始追求难度分的提高。当然很多国家的选手在选择难度动作上

① 作者根据相关资料整理。

是高上去了，但质量没能跟上，出现了不少失误；但大趋势是动作走高难，在比赛中争取难度起评分的优势”，黄玉斌分析道。中国体操队经过讨论，大家清醒地认识到，在新规则中，代表难度的A分是其实力的体现，代表完成质量的B分则是取胜的关键。

新规则的颁布在客观上鼓励运动员不断增加成套动作的难度，这对于老牌欧洲劲旅来说是一个很大的挑战，俄罗斯队和罗马尼亚队均以全面、稳定见长，一些没有发展高难度动作的运动员没有了用武之地，而以一贯追求难度极限的中国选手可以说是如鱼得水。黄玉斌将正确理解和充分利用新规则作为北京奥运会备战的一项重要任务，提出了“学习新规则、掌握新规则、利用新规则”的口号。

2006年丹麦世锦赛前，黄玉斌充分研究并利用了新规则，提高了整体难度，创新了动作编排，增加A分及连接加分。2006年的奥尔胡斯世锦赛，正是实施新规则之后的第一次国际体操联合会A级赛事。三个月的时间，黄玉斌带领教练组成员积极学习、研讨并吃透新规则，在中国体操队备受质疑的关键时刻，打了一场漂亮的翻身仗，迎来了历史性复苏。中国体操队在这届世锦赛上取得了骄人战绩，率先尝到了甜头，可以说，正是因为我们在利用规则方面走在了别国的前头。北京奥运会团体决赛中，中国体操队的团体A分比主要对手高出一块。单杠决赛中，邹凯的单杠成套动作完成分比美国运动员低了0.275分，但难度分比他高了0.3分，而这高出的0.3分刚好是动作间的连接加分。黄玉斌称北京奥运会上单项获得大丰收，都得益于这些细微之处。通过对评分规则的学习和研究，准确把握了体操发展的趋势，成为我们取胜的关键因素之一。

三、训练竞赛实践与决策的应变能力

应变能力，是指自然人或法人在外界事物发生改变时所作出的反应，可能是本能的，也可能是经过大量思考后作出决策。教练员拥有良好的应变能力，就能审时度势，随机应变。努力提高应变能力，对保持健康的心理状况很有帮助。实践中，教练员的决策应变能力具体表现在以下四个方面：

（一）监测能力

监测能力即对决策小范围内的试点、事态的发展以及时势变化保持关注的能力。譬如，新的训练方法在单个运动员个体上实验，关注发展态势，然后决定是否对其他运动员实施。

（二）反馈能力

反馈能力主要是指教练员对决策实施后带来的系列连锁反应以及其他信息（如各种生理生化指标的变化、力量速度等方面的变化）的掌握程度。

（三）反思能力

反思能力，也就是对决策的实践检验能力。譬如，能否对实践中出现的异常情况做到举一反三，并查找决策中的漏洞。

（四）决断能力

决断能力是指在紧要关头或出现新情况时当机立断的决策能力。

四、思想认识与决策的冒险能力

决策总是带有一定风险，事情都清楚了才做决策算不上决策。一个善于决策的人，不是对事情有了百分之百的把握再去决策。在很多情形下，条件完全具备之际，往往是最佳机会消失之时，一味追求完善，就会坐失良机。从一定意义上讲，风险和收益的大小是成正比的，风险大，成功了，得到的利益也越大，收益就是对人们所承担风险的补偿。但从思想上讲，决策的冒险性绝不是盲目冒险，而是一种科学的勇敢行为。教练员决策的冒险能力主要表现在以下三个方面：

（一）探险能力

敢于在困难的训练竞赛环境或状态下，尝试新的方法与手段，敢于进行其他教练员所不能或尚未涉猎领域的挑战。

（二）料险能力

能对所掌握的艰难困境条件、因素等进行科学分析、预测，便于了解更多的可测风险和有防风险，力争把决策范围内的风险降到最低程度。

（三）抗险能力

抗险能力就是抵御风险的能力。风险决策的实施就是教练员与客观环境的争斗，而结果如何取决于教练员决策的实际抗险水平。

五、心理考验与决策的承受能力

决策需要承担风险，所以从某种程度上讲进行决策就是对决策者心理素质的全面考验。决策者需要一定的心理承受能力，没有充分的心理承受力的决策者难以称为称职的决策者。教练员的决策承受力主要表现在以下几个方面：

（一）自强自立能力

面对外来因素的挑战或抑制，教练员要不甘落后，勇于进取。

（二）自我超越能力

不满足现状，敢向自己挑战，敢于自我否定，向更高层次、更高目标奋进。

（三）自我调节能力

当决策环境及内容发生变化，或者决策方案与现实出现反差时，决策者主动、冷静地反思自我，洞察决策中潜在的隐忧，及时进行自我调整。

（四）自我诊断能力

当决策者情绪低落或决策行为极度受挫时，能理智地进行自我诊断、自我控制。

【案例】

优秀教练员决策的“冒险”与“承受”①

1992 年奥运会在西班牙巴塞罗那举行，参加男子团体比赛的队员除了国林跃之外，都是“李家军”，包括李敬、李春阳、李小双、李柯、李大双。出征巴塞罗那奥运会前，体操队举行了壮行会，有记者采访李小双，李小双却对记者说：“现在不是吹牛的时候，等我从奥运会胜利归来时，一定与您合作。”说明他已有必胜的决心。抵达奥运村当夜，队长李春阳来到李小双房间，“我不用‘团三周’了，这回看你的……”李小双听后，一言未发，只是点了点头。

---

① 作者根据相关资料整理。

该届奥运会上，独联体成为中国体操队最大的竞争对手。男团决赛中，中国男队惜败于独联体。白俄罗斯的谢尔博被体操界誉为“神一样的男子”，当时势头正劲，除了帮助独联体夺得男团冠军外，还在个人全能、鞍马、吊环、跳马、双杠5个项目上获得金牌。在前面的比赛中，中国女队陆莉在刚刚结束的高低杠比赛中斩获一金，接下来的自由体操单项决赛中，李小双只要拿个金牌就可以超额完成“保银争金”的既定任务。

自由体操决赛进场时，黄玉斌还在跟李小双交流动作要领。3分钟准备活动时，黄玉斌让小双做了一个三周，起跳、高度都很好，只是用劲大了点。此时，小双的双胞胎哥哥李大双从看台上跑下来传达了领导的意见，大概意思是让小双将后空翻三周改为直体720旋。这可能是因为两位领导在看小双练习时，这个动作做得有点过，放心不下，所以要临时调整动作，否则万一失误了，连一块奖牌也拿不到。

听完大双传达的指令，黄玉斌心里非常矛盾，脑袋像开水锅，瞬间冒出了很多想法，但想到李小双练“团三周”时摔得鼻青脸肿的模样，想到他对自己说一定要夺得奥运会冠军时那种坚毅的信念，黄玉斌心里最强烈的想法是使用“团三周”，哪怕是趴在地上，也称得上是英雄，为国家奋力拼搏，值得！而且当时李小双只有19岁，状态很好，信心十足。于是他举手向看台打了一个“三”的手势。虽然手势斩钉截铁，但心里还是在犯嘀咕，忍不住问身边的队医：“怎么样?”队医回答说：“还得用‘三周’。”他这才定下心来。最终下定决心违抗领导的命令，做一次大冒险。“成功为王，不成功为熊”，“宁为玉碎，不为瓦全”。

在自由体操比赛中，李小双与谢尔博相遇。谢尔博先出场，动作近乎完美，得到了一个很不错的分数。下场后，谢尔博走到李小双的面前，用手势比划着，意思是问李小双会不会做“团三周”，小双点点头，表示会使用。

如果李小双降低难度，可以确保一块奖牌，但如果做“团三周”失败，定是最后一名。李小双心里犹豫了半天，突然对黄玉斌说：“教练，我要用‘团三周’。”黄玉斌随即点点头，因为师徒二人深知，竞技体育比赛中，第二名和第八名是一样的。如果不使用这个高难度动作，根本不可能征服裁判，战胜风头正劲的谢尔博，而且以往的努力都会付诸东流。李小双曾在亚运会、1991 年世锦赛、1992 年世界单项赛上连续三次使用，但都不尽如人意，这次比赛他信心十足。

那场比赛李小双最后一个出场，所有人都把关注的目光集中到了这位年仅 19 岁的运动员身上。那一刻，空气仿佛都凝固了，鸦雀无声。小双开场就是世界体操界公认的“超级炸弹”，一周、两周、三周，“铛！”落地纹丝不动，似板上钉钉。后面的动作潇洒、规范，力度、幅度恰好到位，姿态准确优美……他成功了！在这之前，没有任何一个练过的运动员敢在奥运会这么重大的比赛中靠它来拿冠军，李小双做到了！

当李小双完成整套动作后，全场爆发出热烈的掌声，一块石头终于落地。黄玉斌当时感觉心脏都要蹦出来了，有一种窒息的感觉，连大气都不敢出，生怕自己出气声大了，影响李小双场上的发挥。当李小双成功后，他整个人都松了下来，紧接着，这几年的辛苦和艰辛一下子就爆发出来了。黄玉斌没参加过奥运会，所以这块金牌，对于他和李小双来讲，意义是不一样的。据黄玉斌回忆，他的这种愿望在巴塞罗那奥运会上特别强烈，小双凭借“后团三周”取得第一块奥运金牌的时候，是他执教生涯中最幸福、最激动的时刻。李小双成为黄玉斌带出的第一个奥运会冠军。至此，黄玉斌带出奥运冠军的梦想得以实现。

“后团三周”这个动作，中国有很多运动员都练过，李宁、李春阳、李大双都成功登陆过，但在奥运会上，只有李小双一人使用过。在奥运会这一最最重大的比赛中，黄玉斌与李小双共同作出事实证明是正确的决定，初步展现了黄玉斌的指挥和判断能力。

六、思维改变与决策的创造力

思维反映到决策活动中就是思路，“脑中有思路，脚下有出路”，这就是思路给决策者带来的奇妙效应。运动员训练水平出现的瓶颈期与教练员的训练思路有关，教练员对过去训练路径有依赖，思路不开阔，缺乏创新能力，乃是问题的症结与核心。很多成功的教练员在训练竞赛中出现的困境面前，往往会变换思路，更新训练理念，取得了非常显著的效果。这些教练员都表现出了非凡的思维创造力，达到了匠心独运、出奇制胜的效果。

教练员要想具备或增强这种能力，在日常的训练竞赛中要养成思考设疑的习惯，能够经常做到思考设疑，不但会防止决策工作中的简单粗率，而且长此以往会渐渐激发出创造力。另外，要善于利用综合知识，利用类比思维，把相关学科及各知识、技术领域中的规律性内容和具有启发性的同类客观行为借鉴到决策中来，综合处理，演绎推理，使决策在创新的基础上不断完善。

七、信息重视与决策的竞争力

运动训练实践早已证明，运动员训练水平的提高或竞赛的获胜是建立在教练员等相关人员对有关训练竞赛信息的把握程度上，信息发挥着极其重要的作用。中国体操队在每个奥运周期，尤其是奥运会的前一年，高度重视对关键竞赛对手信息的搜集工作，这对教练组发展难度动作等方面的决策发挥了至关重要的作用。作为教练员应基于信息角度提高决策的竞争能力。

（一）重视信息的价值

要充分认识信息工作在训练竞赛科学决策中的重要地位和作用，树立强烈的信息意识，尽量从一般性信息中发现其他教练员所不易发现的使用价值，把共享的信息转化为独家享用的特有信息，使自己的决策有惊人的独到之处。

（二）正确处理信息

要提高对信息的独立思考、接收处理的能力，以最佳的应变性对待外界事物发出的各种信息，进而区别事物的不同属性，并把信息及时反馈到竞赛训练的各个环节。

（三）合理使用信息

要注意信息延伸，通过对所掌握的信息进行深加工，分析预测随之训练竞赛未来前途即发展趋势，从而获得最大的训练效益。

【案例】

中国体操队信息利用的经验与教训①

2004 年兵败雅典后，中国体操队没有站出来为自己辩解，而是抓紧时间找病根儿，去腐肉，强自己。这时，中国体操队才发现，日本队这个老对手打了一场漂亮的信息战，他们把中国队研究得太透了。雅典奥运会周期，日本队在信息的收集、研究和对比上着实下了功夫，中国体操队参加世界大赛的录像他们都有，甚至在不能录像的情况下，他们也派人用手记录中国体操队每个队员的动作。另外，他们还在训练馆里安装了许多摄像机，用于拍摄和回放，以便找出自己的问题，真可谓做到了“知己知彼”。2003 年世

① 作者根据 2004～2008 年中国男子体操队年度工作总结及相关资料整理。

锦赛之后的一年里，日本队进步神速，尤其是单杠技术迅猛提高，成功避开了各国的火力侦察。日本代表团在接受采访时表示，一度没落的日本队，正是向对手中国队学习了经验，才取得了今天的成绩。两千多年前出自兵圣孙武的这一“攻略”，日本队竟然在竞技体育这块无硝烟的战场上发挥得淋漓尽致。

相比之下，中国体操队信息不畅，甚至有些固步自封、骄傲自大。2003年世锦赛的辉煌让我们麻痹大意，掩盖了我们的弱点。闭门修炼固然重要，但由于没有参照，我们很难认清自身所处的形势，对于对手的实力估计不足，导致了我们没有做好充足的心理准备。虽然每年都有世锦赛，但主要对手日本队和美国队显然有所保留，甚至雪藏了个别选手。2003年世锦赛时，美国队的崛起已初露端倪。据美国队当时的教练威廉姆斯说，自2000年悉尼奥运会后，他们就开始将原本分散在各俱乐部的队员集中起来进行训练，收到了很好的效果。而我们由于过分地关注自己，忽视了对手的进步，做了一回井底之蛙。从这个角度来讲，日本队打了一场漂亮的信息战，而我们因为信息落后而导致全盘崩溃。

在雅典奥运会前，世界体操竞争格局正在悄悄地发生改变。一方面，俄罗斯这个昔日的体操帝国已经开始没落，雅典奥运周期没有新人顶起来，仍然靠涅莫夫、霍尔金娜等老将打天下；另一方面，体操赛制改革，使得比赛的偶然性增加，各国都有争夺奖牌的机会，美国、日本、巴西、西班牙体操正在兴起，特别是日本，今后很长一段时间内可能是中国体操最强劲的对手。

为了积极备战2008年北京奥运会，中国男子体操队积极汲取2004年兵败雅典的经验教训，在北京奥运会整个周期中高度重视主要对手信息的搜集和研究，时刻监测其实力变化。譬如，男队详细而又有针对性地分析了2006～2007年世锦赛中日两国实力变化，对比分析了2008年5月中日两国全国锦标赛的成绩。在对比分析世锦赛成绩的基础上，2008年冬训前中国男团把争夺团体金牌作为首要任务，在团体“6—3—3”阵容上要形成四人次高端套，全能项目要提高六个项目的稳定性及能力，继续加强强项训练，提高弱项，尤其是单杠项目的稳定性，把鞍马、吊环、双杠和跳马单项目标列为夺金项。

北京奥运周期正是及时搜集世界主要对手情报，掌握世界最新的体操信息及体操技术发展动态，重视对主要对手的深入研究，达到了“知己知彼”的作用，为训练、战术的安排等发挥了积极的作用，也为参赛目标的合理设置起到很好的导向作用。

八、群体参与与决策的科学性

“群体决策”(group processes)是决策科学中一门具有悠久研究历史和现代应用价值的学科。它研究如何将一群个体中每一成员对某类事物的偏好汇集成群体偏好，以使该群体对此类事物中的所有事物作出优劣排序或从中选优。环境信息、个人偏好、方案评价方法是一个决策好坏的关键。而这些又与个人的经验和对问题的理解有关，特别是对于复杂的决策问题，不仅涉及多目标、不确定性、时间动态性、竞争性，而且个人的能力已远远达不到要求，为此需要发挥集体的智慧。

教练员的群体决策有利于集中不同领域专家的智慧和知识优势，应付训练中复杂的决策问题。由于不同领域的专家从事不同的工作，熟悉不同的知识，掌握不同的信息，容易形成互补性。通过这些专家的广泛参与，专家们可以对决策问题提出建设性意见，有利于在决策方案得以贯彻实施之前，发现其中存在的问题，提高决策的针对性。因此，作为一名教练员在重大决策过程中，要以开放的心态吸纳不同领域的专家参与到自己的决策之中，或者通过私人关系形成工作共同体或小组，让共同体人员提出建议或意见，推动决策的成功率。

第二节　教练员的沟通技术

一、关于沟通的基本理解

沟通是不同的行为主体，通过各种载体实现信息的双向流动，形成行为主体的感知，以达到特定目标的行为过程。

(一)行为主体

行为主体多指人与人、人与人群、人群与人群。行为主体中通常包括信息的发送者和接收者，一个完整的沟通过程中，同一个主体会扮演信息发送者和接收者的双重角色。

(二)信息载体

对于人来说，信息载体包括本有和外有两大类。本有载体是指人不需假于外物的沟通媒介，包括语言、肢体动作、表情、眼神等。外有载体是指需要借助外物的沟通媒介，包括文字、书信、电话、电子邮件以及新媒体等。通常一次沟通过程中，存在着几种信息载体同时存在的情况。

(三)特定目标

对于人来说，至少包括意识、行为和组织三个层面。意识层面通常包括情感、知识、思想等，行为层面通常包括动作、活动、习惯等。组织层面通常包括绩效目标、行动计划、团队氛围等。通常情况下，沟通是为了实现积极的目标。

（四）沟通的作用

通过沟通可以交流信息和获得感情与思想。在人们工作、娱乐、做生意时，或者希望和一些人的关系更加稳固和持久时，都要通过交流、合作、达成协议来达到目的。

1. 传递和获得信息

信息的采集、传送、整理、交换，无一不是沟通的过程。通过沟通，交换有意义、有价值的各种信息，生活中的大小事务才得以开展。掌握低成本的沟通技巧、了解如何有效地传递信息能提高人的办事效率，而积极地获得信息更会提高人的竞争优势。好的沟通者可以一直保持注意力，随时抓住内容重点，找出所需要的重要信息。他们能更透彻地了解信息的内容，拥有最佳的工作效率，并节省时间与精力，获得更高的生产力。

2. 改善人际关系

社会是由人们互相沟通所维持的关系组成的网，人们相互交流是因为需要同周围的社会环境相联系。沟通与人际关系两者相互促进、相互影响。有效的沟通可以赢得和谐的人际关系，而和谐的人际关系又使沟通更加顺畅。相反，人际关系不良会使沟通难以开展，而不恰当的沟通又会使人际关系变得更坏。

二、要明确沟通的作用

沟通是领导者履行领导职能、实现有效领导的基本途径。英国管理顾问研究院研究员朗·西韦尔在其所著的《核心竞争力》一书中认为，沟通是领导者重要的核心竞争力之一，“沟通能取得非凡的绩效”[①]。构成沟通能力有两个因素:一是思维是否清晰,能否有效地收集信息,并作出逻辑分析和判断。二是能否贴切地表达出自己的思维过程和结果。思维是基础,但其重要程度远高于表达,沟通能力强有一个重要的标准,就是能实时把握对方的思维而提前作出反应,使双方的交流从语言层面上升到思维层面。沟通能力看起来是外在的东西,而实际上是个人素质的重要体现,它关系着一个人的知识、能力和品德。

在日常生活、训练中,教练员的交际对象包括运动员、管理人员、其他教练员、运动员家长、医务人员、裁判员等,教练员与上述人员会产生各种关系。其中,交际最多的、最主要的是运动员、裁判员和运动项目的主要管理者。教练员和运动员存在特定人际关系,周伊符(S. Jowett)等人指出,教练员与运动员的关系是指当教练员与运动员的认知、情感以及行为彼此无意地相互发生联系时的一种情境。[②] 教练员与运动员的人际关系具有高度相互依赖的特征,并可能产生积极或消极的且错综复杂的影响,这种影响由教练员与运动员如何体验彼此相互依赖的关系所决定。相关研究表明,“教练员与运动员之间的‘共容性’关系是影响训练效果的一个关键因素”[③],而“共容性”关系的基础则是双方的沟通。一个具有良好沟通能力的教练员,可以将自己所拥有的专业知识、专业能力等进行充分的发挥,让运动员能够理解并接受其指导。可以说,良好的沟通能力是优秀教练员执教的基础,确保项目团队凝聚力的

① [英]朗・西韦尔:《核心竞争力》,姜法奎译,中国市场出版社 2008 年版,第 205 页。

② S. Jowett, “On Enhancing and Repairing the Coach-athlete Relationship,” in S. Jowett & M. Jones(eds.), *The Psychology of Coaching*, Leicester: British Psychological Society, 2005:14-26.

③ 尹碧昌:《我国田径教练员胜任力模型研究》,北京体育大学博士学位论文,2012 年。

产生，教练员的沟通是决定运动团队有无凝聚力和战斗力的关键因素[①]，更是优秀教练员核心竞争力形成的重要能力。教练员与运动员通过良好的沟通与交流，一方面教练员可以把自己训练管理的“远景”“愿景”传递给运动员，或向运动员施加训练因子，让其顺利接受；另一方面，教练员可以充分了解运动员的真实想法，从而给出客观、富有建设性的意见，促成运动员积极主动地改变态度与行为，激发出运动员追求进步的意愿，从而提高训练管理的成效。

另外，竞技体育项目受裁判员影响较大，教练员与裁判员有着良好的沟通也非常有必要。运动项目主要管理者掌握着项目资源，在运动项目管理中具有很强的话语权，教练员与管理人员的沟通也显得非常有必要。教练员的成功离不开与运动员、管理人员、其他教练员和媒体等方面的有效沟通。

三、掌握必要的沟通技巧

卓有成效的沟通需要技巧，教练员应掌握基本的沟通技巧。教练员与运动员或他人沟通时，要具备倾听技巧、气氛控制技巧、推动技巧等。

（一）倾听技巧

倾听能鼓励他人倾吐他们的状况与问题，而这种方法能协助他们找出解决问题的方法。倾听技巧是有效影响力的关键，而它需要相当的耐心与全神贯注。倾听技巧由以下 4 个个体技巧组成：

1. 鼓励

① 参见李宁：《我国教练员执教行为研究——基于三大球的实证分析》，北京体育大学博士学位论文，2011 年。

促进对方表达的意愿。

2. 询问

以探索方式获得更多对方的信息资料。

3. 反应

告诉对方你在听,同时确定完全了解对方的意思。

4. 复述

用于讨论结束时,确定没有误解对方的意思。

(二)气氛控制技巧

安全而和谐的气氛,能使对方更愿意沟通,如果沟通双方彼此猜忌、批评或恶意中伤,将使气氛紧张、冲突,加大彼此心理设防,使沟通中断或无效。气氛控制技巧由以下 4 个个体技巧组成:

1. 联合

以兴趣、价值、需求和目标等强调双方所共有的事务,创造和谐的气氛而达到沟通的效果。

2. 参与

激发对方的投入态度,创造一种热忱,使目标更快完成,并为随后进行的推动创造积极气氛。

3. 依赖

创造安全的情境,提高对方的安全感,而接纳对方的感受、态度与价值等。

4. 觉察

将潜在"爆炸性"或高度冲突状况予以化解,避免讨论演变为负面或破坏性。

(三)推动技巧

推动技巧是用来影响他人的行为,使其逐渐符合我们的议题。有效运用推动技巧的关键,在于以明白具体的积极态度,让对方在毫无疑虑的情况下接受他人的意见，并觉得受到激励，想完成工作。推动技巧由以下 4 个个体技巧组成：

1. 回馈

让对方了解你对其行为的感受。这些回馈对人们改变行为或维持适当行为是相当重要的，尤其是提供回馈时，要以清晰具体而非侵犯的态度提出。

2. 提议

将自己的意见具体明确地表达出来，让对方能了解自己的行动方向与目的。

3. 推论

使讨论具有进展性，整理谈话内容，并以它为基础，为讨论目的延伸锁定目标。

4. 增强

利用增强对方出现的正向行为(符合沟通意图的行为)来影响他人，也就是利用增强来激励他人做你想要他做的事。

四、清楚沟通的基本要求

沟通本身就是与他人进行深层交往，并且具有明确的目的，是要通过沟通解决特定的问题。而任何一个沟通对象都是有自己独立的利益和意志的人，投入精力，慎重地实施沟通，还不一定能够达到理解和认同的目的。不慎重对待，势必难以获得良好有效的沟通效果。所以，首先要有积极而慎重的态度，并在此基础上进行认真准备、严肃实施、艺术表达、用心倾听和积极反馈。

(一)认真准备

教练员要分析确定沟通对象的个人特征，包括性格特征、人际关系特征等，并把握其可能的态度；认真准备沟通表达内容，尽可能做到条理清楚、简明扼要、用语通俗易懂，并拟写沟通表达提纲；选择恰当的沟通方式，即使是选择面对面的沟通，也要事先确定沟通的方式，是直接告知还是婉言暗示，是正面陈述还是比喻说明，都要事先进行选择和设计；事先告之沟通的主题内容，让沟通对象也为沟通做好准备；在与沟通对象交换意见的基础上，共同确立沟通的时间、时限和地点。

（二）严肃实施

教练员在与他人尤其是业务水平低于自己的人员沟通时，不能高高在上，不能对沟通对象不尊重、不礼貌，避免冷嘲热讽的语气，不要随意打断对方的讲话，心不在焉地听沟通对象讲话等等。

（三）艺术表达

表达就是教练员向自己的听众阐述自己的思想、主张、要求、建议等，就是向沟通对象传达自己的想法和情感，这就决定了表达是沟通的最重要环节，因而表达方式的选择就显得极为重要。教练员可以从以下几个方面着手：从对方感兴趣的话题入手，多提问来诱出对方的想法和态度，以商讨的口吻向对方传达自己的主张和意见，以求教、征求对方意见的方式来提出自己的建议等。

（四）用心倾听

所谓“倾听”就是要充分给沟通对象以阐述自己的意见和想法的机会，并设身处地地依照沟通对象表达的思路来思考，找出对方意见的合理性，以充分了解沟通对象，收集自己所不知道的信息，并把沟通对象引导到所要沟通讨论的议题上来，使沟通对象感到自身的价值和所受到的尊重。

(五)积极反馈

所谓“反馈”就是在沟通过程中,对沟通对象所表述的观念、想法和要求给予态度上的回应,让对方明白自己的态度和想法。这种反馈既可以主动寻求,也可以主动给予。对于一个完整的、有效的沟通来说,仅仅有表达和倾听是不够的,还必须有第三个环节——反馈,即信息的接收者在接收信息后,及时地回应沟通对象,向沟通对象告知自己的理解和意见、态度,以便澄清表达和倾听过程中可能出现的误解和失真。

第三节　教练员的激励技术

一、厘清对运动员激励的目标

目标是教练存在的基础。在体育训练场上,这很好理解,任何教练员都想他的运动员取得好成绩,最高目标是进入奥运赛场夺取金牌。只有帮助运动员实现目标的教练才是优秀的教练员。教练的第一步是厘清目标,这是教练的起点。教练员要对运动员实施激励,基本要务就是厘清目标。管理大师彼得·德鲁克有句名言:“做正确的事远比正确地做事重要。”揭示了目标和方向的重要性。

厘清目标有两层意思:一是教练员本身要清晰目标。教练员的目标是帮助运动员厘清目标和达成目标。这一点非常重要,如果教练员不能在训练过程中坚持这一点,有可能将自己的目标加在别人身上。因为教练员是帮助别人看到自己真正的追求,最终对方自己去做决定。二是运动员要清晰自己的目标。教练员帮助运动员把潜藏在内心深处的“我想要的”东西挖掘出来,激发运动员将“我想要的”订立为人生的目标。只有如此,运动员才能全力以赴,完成自己的目标。

(一)建立彼此的信任关系

信任构架是形成有效激励的基础,也是教练过程中教练员和当事人之间沟通交流的最基本和首要的原则。作为教练员要对运动员作出有效的激励,必须与运动员建立信任关系。信任程度越高,激励效果可能会越明显。只有建立了信任关系,教练员与运动员之间才不会形成障碍,运动员才能将自己真实的想法倾吐给教练员。

(二)明确并建立目标

有效的激励是建立在教练员清晰知道运动员的目标基础之上。如果目标不明确,方向难免会出现偏差,教练员采取的激励措施则会受挫。教练员应像一根指南针围绕“运动员想要什么”,帮助运动员厘清目标,从而使运动员最有效地选择目标,从模糊状态走出来,着手自我规划、自我管理。尤其在运动训练过程中,教练员对运动员实施激励时,必须明确激励要达到的效果和要解决的训练问题。激励就是要调动运动员的训练积极性,实现训练的高投入。当然,不是说任何时候都需要激发运动员极高的训练热情。不同的训练需要对应着不同的激励强度,训练的难度越大,激励的强度就越大。为此,教练员必须明确采取的激励手段会在多大程度上激发运动员的训练热情和唤起的热情用于解决怎样的训练问题,应当做到大投入解决大问题,避免小问题大投入,漫无目的地进行激励。

【案例】

中国男子体操队大赛前激励目标设置经验[①]

激励是激发人的动机，诱导人的行为，发挥人的内在潜力，促使人们为实现所追求的目标而努力的过程。因此，要想最大限度地调动人的积极性，就必须有意识地对人进行激励。大赛前的训练，特别是奥运会前的训练涉及面之广、影响力之强、运动员压力之大、对比赛获胜的欲望之高、各国之重视都是其他任何比赛无法比拟的。在这样的环境之下，教练员如何通过激励使运动员化压力为动力，克服大负荷实战训练带来的身心疲劳，始终保持旺盛的斗志投入到备战之中至关重要。中国体操队在训练控制中，非常重视对运动员的有效激励，多年来他们积累了许多行之有效的激励手段与方法。

合理确立目标是指在运动训练过程中，教练员与运动员根据大赛的目标体系，确定运动员各自的总目标、分目标和总任务及具体任务的一种管理方法。运动员训练目标的确立就在于强调把运动队总的训练目标转化为运动员具体的训练目标，并通过运动员训练目标的实现来完成运动队的总目标。有效的目标激励应当是“大目标，小步子”方式，即通过一步步小目标的实现，把运动员引向更高的目标。

一是总目标的确立。总目标是根据与主要竞争对手的实力对比而确定的大赛中可能会取得的最好成绩，是四年奥运大周期要达到的一个周期性目标。总目标的定位很大程度上决定着分项目标和个体目标确立的合理性，分项目标和个体目标的确立必须符合总体目标的要求，为实现总体目标而确立。

---

① 邵斌、黄玉斌：《对中国体操队运动员实施激励的原则及方法》，《上海体育学院学报》2003 年第 4 期。

二是分项目标的确立。分项目标是总目标的下位目标，同时又是总目标确立的基础，总目标具体夺金指标的确定必须建立在分项目标分析的基础之上。分项目标的确立不仅要分析每一小项中与主要竞争对手的实力，而且还要分析各小项取得佳绩的难易程度。分项目标代表着运动队最有希望的夺金点，它的确立决定着大赛前训练的重点和突破口。另外，分项目标又是个体目标的上位目标，个体目标的确立必须围绕确立的分项目标进行。

三是个体目标的确立。个体目标是运动员根据总目标和分项目标的要求，结合自身的实际情况确立的个人训练目标。个体目标的确立必须与总目标和分项目标保持一致，要有利于总目标和分项目标的实现。大赛前运动员个体目标的确立主要包括两方面的内容，即确定自己的主打项目和弥补薄弱环节。主打项目是指运动员实力最强，最有希望夺金，对实现总目标和分项目标最有贡献率的小项。补弱项是指运动员相对薄弱的，包括技术、专项素质、心理素质等方面存在的不足，这些不足是无法采取扬长避短的战术加以回避的、必须通过训练加以提高的环节。

二、清晰反映运动员的现实真相

教练员在帮助运动员厘清目标后，就要保持客观，真实反映事实，洞察运动员的内心，找出盲点。教练员需如同明镜一样将运动员的信念、情绪、行为真实反映出来，让运动员知道自己的现实情况并正视现实问题。同时，要帮助运动员找到盲点，洞察运动员内心干扰以及现状与目标的差距，预见可能产生的影响。教练员自己要坚定信念，无论如何都要将运动员的消极心态调整到积极正面，激发其最大潜能，鼓励其作出最有效的选择，坚忍不拔、脚踏实地地完成训练目标。

教练员要紧紧围绕运动员“有什么”来发掘运动员的自身资

源，对运动员进行特长、性格、技能、学识、人际方面优势的评估。来自他人的肯定会让运动员感受到力量与温暖，增强自信，从而激发潜能，创新可行路径。也可以通过引导运动员对成功经验进行总结，提高自我洞察力，看到更多可能性。协助运动员分析自己的归因倾向，引导其将成功归因于能力、努力、心境等可控因素，在分析失败时归因于努力的程度不够，而不是归因于不可控因素，冷静有效地调节情绪，让运动员真实了解自己的心智模式，调整心态，正确辨识，以最佳状态去创造解决问题的方法。

【案例】

黄玉斌劝解杨威，共渡难关①

2004年雅典奥运会，杨威在状态非常好的情况下失利，痛失金牌。因自责，对黄玉斌悲情一跪，让黄玉斌心情更为沉重。那时候，黄玉斌心中有个信念，一定要将杨威送上奥运冠军的领奖台，而且一定让他摆脱“千年老二”的绰号，拿奥运会个人全能冠军。

杨威一直勤勤恳恳，全能六个项目一个一个啃，他的付出比其他队友大得多。杨威有实力拿下这块金牌，作为师傅的黄玉斌真希望他能够拿下这块金牌，可往往是一不顺百不顺，事与愿违，太可惜了。

团体没有拿到，全能又没拿到，杨威这心里的确不是滋味，情绪非常低落。究竟还要不要坚持，要不要练？这样的念头一直在杨威心里打转儿，成为杨威心中一道无形的“坎儿”。想了很久，杨威终于说服了自己。一方面，心中装满了愧疚，黄导辛苦培养了这么多年，关键时刻却没有比好，这么多年的努力，一时间全都白费了。另一方面，今年状态这么好，都没拿到，再等四年，年龄、伤病都是问题，就算到时候状态仍然很好，再拿不到

① 作者根据相关资料整理。

冠军怎么办？杨威感到希望渺茫，一切付出都可能是徒劳的。算了吧，去做点别的事，就这么结束吧。随后，杨威与其他几名老队员一样，打算退役。

2004年10月，湖北仙桃举办首届中国国际体操节暨国际体操精英邀请赛。仙桃地灵人杰，是个出体操名将的地方，李小双、李大双、郑李辉、杨威都是从仙桃出来的世界冠军。家乡举办这样的体操盛会，杨威自当尽一份力，他邀请了涅莫夫、霍尔金娜等好友到家中做客，还为大家准备了礼物。当时的杨威看起来心情很不错，一身轻松，但大家都没有想到，他心中其实已经做好了退役的打算。

神农架地处鄂西边陲，西邻巫山，南濒三峡，北近武当，辖区内林地面积85%以上，其中的国家级森林及野生动物自然保护区一级棒。久居城市之人，远离城市的喧嚣，来到真正的大自然，不由得心旷神怡。

黄玉斌来到神农架，像变了个人似的。那时的黄玉斌，一直沉浸在雅典失利的痛苦总结中，正好借仙桃体操界这个机会，调整一下自己。当然，这只是一方面的原因。痛苦归痛苦，心中还得为下一周期做打算。可老队员中多数有伤，年轻队员还没有成熟起来，这时候全部启用新人显然不是明智之举。杨威的基础训练扎实，无太大的伤病，又是全能型运动员，他在北京奥运会上绝对能够发挥最大的作用。

"知徒莫如师。"黄玉斌早已知道杨威的心结，于是叫上杨威，一起坐车到神农架，领略大自然的蔚为壮观，更重要的是借这个机会，打开他心中的结儿。开始大家并没有谈起这些事儿，只是尽情地对大自然敞开心扉，沉浸在大自然的美丽当中。到了吃晚饭时，有人提议喝点酒，这才打开了话匣子。

面对杨威的困惑，黄玉斌分析道："杨威，状态好，不一定能拿得到；状态不好但准备得好，不一定就拿不到。新的规则对你来讲是有利的，而且你没有大的伤病，到北京奥运会时，你28岁也不算大，女运动员还有坚持到30多岁的呢，杨威你肯定能行！只要你有这个恒心，我愿意给你创造任何条件。北京奥运会，百年难遇的好机会，杨威你有这个实力，必须得坚持到2008年，而且必须把团体和全能全都拿下！"黄玉斌开导着这位爱徒，心里的信念非常坚定，坚信他还能在北京赢回来。

10天的神农架之旅，这位恩师不知说了多少鼓励的话，也许正是师傅语重心长的话语，再加上"北京"这两个字所拥有的魔力，最终让杨威坚持了下来。最后黄玉斌准备回京的时候，杨威对他说："黄导您放心，为了2008年奥运会，我不放弃！"杨威作出这样的承诺，黄玉斌自然是松了一口气。

三、制定行动计划并加以落实

一份有效的行动计划需要包括目标、行动、成果三个最基本的元素。目标是一个方向，是行动的指南针；行动是有效达到目标的行为，是目标和成果之间的转换器；成果是行动所产生的结果，是检视目标的一个标志。就运动训练过程中的激励而言，教练员要做好训练过程的设计，协助运动员规划好目标与计划，确定实现的时间，并落实到每日训练当中，细化到每一次训练行动。

训练过程设计是指正确选择训练内容，有效控制训练进度和选择训练手段，积极强化运动员的自主参与意识，以实现对运动员激励的方法。正确选择训练内容是指教练员要能针对不同运动员的特点，根据运动员的主打项以及在技术、专项素质和心理上需要弥补的薄弱环节及比赛的需要科学安排训练。要保证正确选择训练内容，必须做到针对每一名运动员的技术特点，使选择的训练内容与运动员确立的个体目标保持一致；通过训练进一步突出运动员的优势，最大限度地确保个体目标的实现和在比赛中最大限度地发挥出每一名运动员应起到的作用。

有效控制训练进度是指对于大赛前的训练计划必须以循序渐进的方式，有步骤、分阶段地贯彻和实施。每一训练阶段必须确立明确的阶段性训练目标，并随着阶段性目标的逐步实现、运动员需要的满足，强化运动员的良好预期，实现唤起训练激情的目的。多样化的训练手段，可使运动员通过体验不同的教学形式、训练环境、训练气氛，克服训练中的单调感、枯燥感，感受不断的新异刺激，增强好奇心和对训练的兴趣，消除心理上和体力上的疲劳感。根据双因素理论，满意的训练过程可以强化运动员个体的内部动机，提高运动员的训练动机水平，从而对运动员产生激励作用。强化运动员主动参与训练是指通过鼓励运动员参与大赛前自我训练过程设计，增强运动员的责任感，提高运动员训练积极性的一种激励手段。研究发现，适当给予运动员参与自我训练过程设计的机会，将有助于满足运动员责任感、成就感、被认可和受到尊重的需要，强化训练动机，提高训练的积极性。[①]

四、运动员心态迁善与行为调适

在运动训练过程中，教练员即使帮助运动员厘清目标、分析现实以及制定计划并落实，也不能消除运动员产生的心理问题和行为偏差。作为教练员要根据实际情况，引导运动员心态向好的方向发展，对其训练行为作出修改。

训练行为修正是指教练员识别出不符合训练要求的行为，使用随机负强化手段，使之减少；使用随机正强化手段，鼓励符合训练要求的训练行为。在训练中，运动员出现的任何不符合要求的

① 参见邵斌：《论竞技体操运动员训练水平的评价原则、内容与方法》，《上海体育学院学报》2001 年第 2 期。

行为都会对训练效果产生非常不利的影响，对于出现的不符合要求的训练行为必须及时修正，要通过正、负强化手段鼓励符合训练要求的行为，树立榜样，引导运动员效仿。训练行为修正的激励作用完全符合斯金纳的“强化”理论，即通过外部刺激引起人的行为变化。

运动员训练行为的修正过程分为六步：第一，教练员识别与绩效有关的行为。第二，识别运动员行为中的错误成分。第三，开发出干预策略并适当地进行干预。第四，判断干预后运动员的心理和行为反应。第五，鼓励符合要求的正确行为。第六，评估运动员行为对训练绩效的改善作用。其中，教练员能否准确识别运动员训练行为中不符合要求的成分，并采取有效的随机强化手段进行消除，是决定修正过程成败的关键。当然，运动员训练行为的修正并不是一次性就能完成的，在对运动员施加影响以后还需要进一步判断运动员后续行为变化。

第八章　教练员责任担当的培育

第一节　教练员社会责任的培育

一、竞技体育发展责任

(一)自律自信与诚信友善

作为一名教练员,其行为时时刻刻展现在运动员面前,是运动员效仿的对象。只对运动员提出要求而自己没有作出表率,是没有说服力的,在运动员面前也无法树立威信。只有以身作则,才能取得运动员的尊重与信任。尤其在处理金钱与利益时,教练员更应体现出自律,要对金钱与利益取之有道、用之有理,避免师徒反目,为日常琐事所困。教练员要在训练、比赛、日常生活中处处关爱队员,应像关心如何使运动成绩最优化一样关心运动员的身心发展。避免教练员在经济利益、社会荣誉等驱使下,对运动员采取严重违背科学,不顾运动员身心发育特点的训练管理方式。

(二)感恩与志愿服务

感恩,是对别人所给的帮助表示感激,是对他人帮助的回报。

感恩是一种处世哲学,是生活中的大智慧。感恩对个体生活满意度、幸福感、学业等方面具有重要影响,尤其对责任意识的形成及其担当具有重要影响。教练员在训练过程乃至日常生活中,会经常受到家庭、单位同事、科研人员等的帮助,教练员在接受他人恩惠时能否感受到并产生情绪体验、心境状态与心理倾向,会影响到教练员责任意识的形成及履行,并会影响到教练员的工作投入乃至其竞技能力的形成。

志愿服务是在不求回报的情况下,为改善社会、促进社会进步而自愿付出个人的时间及精力所做的服务工作。奉献精神是志愿服务的精髓,志愿者通过参与志愿服务,提高自身的办事能力,同时也促进了社会的进步。教练员的志愿服务往往对教练员核心竞争力的形成产生中介效应,服务内容主要表现为对年轻教练员或业务能力欠缺教练员给予无私的指导和进行经验交流、参与推动运动项目发展的志愿服务、参与国家体育扶贫工程等。

(三)敬业奉献与履职尽责

任何一个竞技体育项目的训练工作的长期性和艰苦性都是常人难以承受的,作为一名优秀教练员必须具备强烈的敬业精神,要乐于奉献。所谓敬业精神,就是有强烈的事业心,把事业视为生命,甘于为了事业而献身,为了事业不断地探索,精益求精,并且乐此不疲。从事运动训练工作,就要努力把自己锻炼成为高水平的优秀教练员,努力使每一个队员都尽最大可能取得理想成绩,每一个教练员都应当有成为最佳教练员的渴望,并为达到这一目的做好一切必要的准备。但是,强烈的敬业精神不仅仅是指任劳任怨、吃苦耐劳,还包括讲求效率、精益求精,要有主动作为的意识,做到尽职尽责。

(四)团队意识与互助精神

教练员的成长或教练员的专业发展,离不开运动队团队这一平台,一方面高绩效团队成就了教练员,另一方面教练员也推动了团队建设。团队意识指整体配合意识,表现为团队整体的目标、全体成员的向心力、凝聚力,团队意识可以使成员拥有归属感、安全感,可以让成员有着更多的工作投入。教练员应以开放、合作的方式工作,与其他相关责任人一起致力于提升运动员的福利和成绩。

(五)理想和信念

理想是人们所向往、信仰和追求的奋斗目标。信念是一个人认为自己一定要遵循的、在人的意识中根深蒂固的道德观念,是个体对理想深刻而有根据的坚信和对履行义务的强烈责任感,是认识、情感和意志的有机统一。优秀教练员的理想往往代表了运动队或运动员的目标,是教练员个人理想与组织理想互动整合的产物。优秀的教练员还能够把运动员、运动队的理想整合到自己的理想中,通过塑造共同愿景来吸引和激励他者等。另外,优秀教练员尤其是"金牌"教练员往往具有实现自我价值的坚定信念。教练员个人追求的目标越高,他的才力发展得就越快,对运动员、运动项目发展就越有益,并且能增强教练员的责任感和使命感。

【案例】

国家队教练员、领队开展思想政治教育培训工作①

为学习宣传贯彻十九大精神,适应新时代对体育工作提出的

---

① 顾宁:《国家队教练员领队思想政治工作培训班结束》,2017 年 12 月 8 日《中国体育报》,有改动。

新目标、新任务、新要求，进一步探讨新时代运动队思想政治工作新方法，努力提高工作能力和水平，2017 年 12 月 4～7 日，体育总局直属机关党委在京举办了 2017 年国家队教练员、领队思想政治工作培训班，35 支国家队的 54 名教练员、领队参加了培训。

本次培训班在党的十九大胜利闭幕后举行，是将十九大精神向运动队传导、落实的一项举措。从十九大到二十大是"两个一百年"奋斗目标的历史交汇期，竞技体育面临 2018 年平昌冬奥会、2020 年东京夏奥会、2022 年北京冬奥会"三大战役"，如何准确理解和把握在这一发展阶段面临的形势和任务至关重要。国家队要以十九大精神和习近平总书记关于体育的重要讲话、指示批示精神为统领，大力加强思想政治建设，充分发挥运动队思想政治工作的优良传统和政治优势，切实增强时代性、针对性、有效性。通过强有力的思想政治工作，帮助全体教练员、运动员认清形势，明确目标，保持清醒头脑，激发旺盛斗志和内生动力，积极备战，争创优异成绩，为国争光，为民族争誉，为人生添彩。

作为教练员、领队要充分认识新时代条件下，加强国家运动队思想政治工作的重要性，切实认清国家队所担负的责任，增强做好思想政治工作的荣誉感和使命感。要用"心"去爱运动员，以真情换真心；要走进运动员的精神世界，做他们人生道路上的指导者和引路人，要引导运动员战胜困难、战胜自我、超越自我，实现身心素质的全面提高；要以爱国主义为核心，培育建设团队文化，凝聚团队精神。要积极探索把握思想政治工作的特点规律，勤于学习，善于总结，不断提升自身素质，努力增强新时代做好运动队思想政治工作的能力，为我国竞技体育发展做出更大贡献。

培训班邀请国家行政学院公共管理教研部原主任、教授薄贵利做了题为《新时代中国走向强盛的大战略——十九大报告的大战略观》专题辅导；北京体育大学张力为、张凯、李庚全三名教授分别作了题为《如何为运动员提供心理支持》《运动队团队文化建设的方法与途径》《深刻领会习近平体育强国思想，全力备战奥运会志在东京夺冠》的专题讲座；国家女子排球队教练安家杰介绍了在里约奥运会通过做好运动员思想工作增强敢打必胜信心的做法；国家高尔夫球队领队孙盛伟介绍了以情感增强运动队凝聚力以及如何做好领队的做法体会。参加培训人员围绕如何针对新形势、新任务、新要求和运动员思想实际，共同研讨了新时代条件下运动队思想政治工作的新内容、新方法、新手段、新途径。

二、全民健身推动责任

教练员的全民健身推动责任是其重要社会责任之一，国家不同层面的政策中提及教练员或教练员所在的组织应积极推进全民健身工作。教练员主要是通过志愿服务、健身活动（比赛）组织与参与、技战术指导等途径，向广大群众讲解健身知识，推广健身方法，普及科学健身理念，提供技术支持。同时，在全民健身参与中，努力将运动项目文化融入到全民健身中，加强运动项目的推广，让群众掌握运动项目技能，了解项目历史文化，扩大项目影响力，促进项目更好发展。

（一）全民健身宣传教育

一是教练员在日常工作生活中要适时向周边的家人、朋友等进行全民健身宣传，讲授健身知识、技术等，培育周边人的体育参与意识，引导他们参与到全民健身过程中。二是积极参与全民健身宣传教育活动。目前，不少省市积极开展全民健身宣传教育活动，作为教练员要根据个人工作时间安排，借助于媒体网络、专家平台等途径，积极参与宣传教育活动。三是结合“全民健身日”等重大节日活动，积极参与到全民健身运动中，以身作则、以身示范，发挥教练员的影响。

（二）服务社区

服务社区是国外体育俱乐部或运动队参与社区体育的重要方式。教练员可以会同运动员等走进社区传播全民健身理念，普及科学健身知识，开展社区体育健身活动，进行社区体育竞赛、运动训练及技战术指导。教练员也可以通过参加公益性的社区体育组织、体育健身站点、体育俱乐部等，推动各类体育组织的规范化建设，帮助体育组织提高服务能力。

（三）参与贫困地区、农村地区的体育帮扶

为了全面贯彻落实党的十九大精神和《中共中央、国务院关于打赢脱贫攻坚战三年行动的指导意见》精神，国家体育总局等单位先后制定了《国家体育总局定点扶贫开发工作规划（2012～2020 年）》《国家体育总局"十三五"时期定点扶贫工作方案》等，力图通过实施赛事扶贫、体育综合体扶贫、体育设施扶贫、体育企业扶贫、冠军扶贫以及体彩扶贫等六大行动开展扶贫工作。其目的是发挥体育综合带动效应，通过引进体育赛事、发展体育产业、援建基础设施、开展大众健身等助力脱贫，在贫困地区构建"体育＋"或"＋体育"的发展模式，营造精准扶贫、体育助力的良好局面，促进体育工作与扶贫工作深度融合。教练员可以根据上述扶贫行动，参与到体育的扶贫过程中来。

（四）全民健身的国际传播

教练员尤其是优秀教练员在参加世界性比赛时，要积极主动地向国外教练员、运动员、国际友人等宣传中国的全民健身情况，传播和推广全民健身发展过程中的中国理念、中国故事、中国人物、中国标准、中国产品，发出中国声音，提升国际影响力，有效发挥全民健身在推广中国文化、提升国家形象和增强国家软实力等方面的独特作用。

三、学校体育促进责任

(一)积极参加“体教结合”活动

“体教结合”是新的历史条件下加强学校体育工作、推动素质教育、促进青少年训练、为国家培养和造就高素质劳动者和优秀体育后备人才的一项新的重要举措,是整合体育、教育等资源而实施的人才培养战略的重要措施,体现了体育、教育事业最根本的培养目标,符合人才培养的内在要求。通过“体教结合”形式,教练员参与到学校体育发展中,体现了教练员社会责任的履行。这种形式是一种官方的主导性行为,能够在最大限度、最大范围上促使教练员参与到活动中并履行相应的责任。

【案例一】

上海“体教结合”,促进教练员参与学校体育①

2001 年,前排球国手李国君把排球学校开进了进才中学,成为“体教结合”的先行者。15 年后,人人打排球、班班建球队、年年打联赛,排球早就成了进才中学的一张体育名片。在进才中学,不仅排球特长生和普通学生一起读书、生活,排球也成为可以陪伴每个进才学生终身的体育爱好。多年来,李国君排球学校的学生几乎百分之百进入了大学,凭文化课“真本事”考进复旦、交大等名高校的学生也不在少数。

李国君的尝试,也是“送教练”入校园的雏形。教练员进校园是上海体育发展的重要工作,通过倡导优秀教练员、退役运动员进

---

① 龚法芸:《上海体教结合走出新格局,让体育成为学生们的终身爱好》,http://www.jfdailg.com/news/detail? id=40080,有改动。

校园带教带训，完善学校体育兼职教师制度，多方式培养培训体育师资，着力提升体育教师教学实践能力和专业教练员综合职业素养。

更多的优秀教练正在走进各个区的普通校园。在其他运动项目中，普陀区的足球人才之所以源源不断，除了普陀区深厚的足球历史积淀外，与教练员走进学校开展"体教结合"有着很大关系。譬如，1993 年，从上海体院毕业的前河南女足队长钱惠来到普陀区足球学校执教。作为专业教练员，她被安排到金沙江路小学，开始了女足运动员的培养。钱惠培养的队伍很快崭露头角，并于 1994 年夺得上海青年报杯冠军。钱惠的丈夫张翔 1996 年加入普陀足校，主要执教梅龙中学和曹杨二中的女足队，钱惠带小学、张翔带中学的格局正式形成。

让更多的专业教练走进校园，丰富学校体育的内涵。专业教练进校园，填补了区县开展项目的空白，提高了学校体育教师带训的基本素养和专业水准，积极促进了学校体育运动的开展。几年来，市、区两级体育部门选派优秀教练员超过 2000 人次进校园，开展专项辅导、运动队带训、上体育活动课。专业教练到学校带训的项目涉及射击、射箭、游泳、排球、艺术体操、棒垒球、足球、网球、击剑、田径、武术、曲棍球、手球、乒乓球、OP 帆船等。

【案例二】

南京市玄武区体校教练员进校园①

一、玄武区体校"体教结合"情况

玄武区体校虽然是一所区级体校，但目前承担了艺术体操、花

① 《南京市玄武区体校教练员进校园》，http://www.zjyjuj.com/info/2013/3/4/info_1667_44826.html，2013 年 3 月 4 日，有改动。

样游泳、跳水、羽毛球四个南京市代表队任务。多年来，由于历史原因，体校训练场馆距离主城区相对较远。在这样的特殊情况下，体校依托玄武区良好的教育资源，开拓出一条独具特色的“体教结合”之路。早在1989年，玄武区体校就以艺术体操项目为突破口，与南京市知名小学——南京师范大学附属小学（简称“南师附小”）一起签订了共建协议，利用南师附小优质的教育资源和场馆资源，共同联办市艺术体操队。经过20多年的探索，这条“体教结合”道路不断完善和拓宽。2002年，“南师附小”花样游泳队也应运而生。多年来，南师附小艺术体操队和花样游泳队这“两朵金花”频频在省内、国内各级比赛中获奖，在十运会等大型体育盛会中惊艳亮相，大大提升了南师附小这所百年名校的知名度和美誉度，真正实现了“体教合作”的双赢。

体校利用在南师附小的成功经验，将其复制到其他项目中，现已在成贤街小学开展篮球项目、在中央路小学开展跆拳道项目、在人民中学和成贤街小学分校开展羽毛球项目，目前体校所有的项目都已经实现了与学校的合作。为了解决运动员出口问题，体校在教育局、体育局的帮助下，多方协调，初中定点安排在十三中、人民中学，高中在中华中学，从“体教结合”模式培养出来的运动员，后利用自身专业都考上了理想的大专院校。“体教结合”从幼儿园—小学—初中—高中—大学都已经有了良好的衔接，运动员入口和出口通畅，形成良性循环，得到了家长和社会的广泛认可，也使体校得到了长足发展。

二、教练员进校园情况介绍

在与学校合作的过程中，教练员进校园是我们“体教结合”取得成绩的关键所在，教练员进校园不仅使我们的业余训练获得了更大的空间场地，更帮助学校从根本上提升了学校体育的质量，获得了学校的认可和肯定，从而真正把“体教结合”的根深深扎在了学校。

1. 业余训练进校园

由于我校没有自身的训练场地，因此所有项目都是依靠学校场馆开展训练，我们把教练员派驻到学校直接带队训练。学校大多无偿提供场馆资源，经过多年的磨合，我们与学校之间也形成了良好的合作关系，学校每年对体育特长生都有优惠招生政策。运动员读、训基本集中在一所学校，使运动员能够享受到最优质的训练资源和教育资源，这也使得我们的业余训练更具吸引力，招生规模年年扩大。

2. 体育人才进校园

我们不仅把所有的体校在编教练员都派驻到学校去进行业余训练和招生选材工作，更是利用俱乐部的形式把俱乐部聘用的教练员专门派驻到各个学校推动阳光体育进校园。目前，我们体教结合的每所学校都有我们体校聘用的教练员作为学校体育指导员。这些教练员利用自身的专业优势，不仅带动了学校体育特色项目的蓬勃开展，更是指导学校的体育老师编写校本课程，把特色体育普及到每一个学生中，大大提升了整个学校体育教研组的业务水平。

3. 体育技能进校园

以南师附小为例，我们的校园教练员每周为南师附小上 36 节校本课程，并根据学生不同年龄发育特点，在低年级开设了形体课，从最简单的挺胸抬头、收腹提臀开始，让孩子们明白什么是良好的姿态，什么是优雅的形体；在中年级开设了健美操课，通过编排一些韵律和造型优美的集体操，让孩子们在举手投足间体验动作的协调和美感；在高年级则开设了跆拳道课，让孩子掌握一些基本的强身健体的方法。利用学校开展大课间活动、趣味项目、俱乐部活动等多种形式丰富学校的校园生活，培养每个学生都能掌握一两门体育技能，使每天锻炼一小时落到实处。

4. 体育成果进校园

体育教育实现双赢也体现在成果的共享上。多年来，和我校合作的多支学校运动队，如在南师附小的艺术体操和花样游泳队、成贤街小学的篮球队、人民中学的羽毛球队、中华中学的健美操队等在全省和全国的各级各类比赛中都取得了优异的成绩。学校也向高校、高水平运动队、解放军队输送了大量优秀体育后备人才。南师附小、成贤街小学、人民中学、中华中学等还多次荣获国家、省级青少年体育俱乐部、体育传统项目学校、阳光体育学校、青奥示范学校等荣誉称号。

（二）参与运动项目（计划）推广

近年来，国家教育、体育系统积极推进专项计划行动，譬如校园足球、校园篮球等。这些行动计划在一定程度上要求教练员参与到相应活动中来，或者为教练员参与学校体育提供平台。各级地方政府也不断开展相应工作。如：陕西省青少年体校开展“教练员进校园，以体育教育助扶智与志”活动，扬州高邮推进教练员进校园，江苏省青少年足球教练员进校园，南京市玄武区体校教练员进校园，中国足球协会、全国校园足球工作领导小组举办全国“精英教练进校园”活动等等，这些活动极大地推动了教练参与学校体育的范围和力度。

【案例】

襄阳：青少年足球“精英教练员进校园”活动启动①

为贯彻落实《湖北省青少年足球三年行动计划》，加强襄阳市青少年足球后备人才培养和校园足球运动开展的衔接工作，襄阳市开展青少年足球四进校园——“精英教练员进校园”活动。

2017 年 7 月 15 日下午，在谷城县粉阳路小学，精英教练员彭

① 作者根据相关资料整理。

汉早顶着36℃的高温，带领30名不同年龄组别的青少年学员进行该校的最后一次足球课。从基本运球、接控球、传接球等技术练习到最后分组比赛，对基本进攻、防守战术进行了演练，小学员们训练热情高涨、拼抢积极，教学成果初见成效。

2017年7～11月，襄阳市计划选派25名精英教练员深入全市66所青少年校园足球特色学校和3所边远地区足球示范学校，开展青少年校园足球辅导活动，培训对象是学校体育教师、学校足球项目队员。通过精英教练的言传身教，加强对体育教师技战术和学生基本功的培养，规范校园足球课外训练，提高实战性，引导学生喜爱和参与足球运动，让更多孩子从这项运动中获益。这也是我市深入开展青少年足球“四进校园”活动，推动校园足球普及和提高的一项重要措施。

第二节　教练员职业认同的塑造

一、教练员职业身份认同

（一）职业身份认同的构成及生成

1. 教练员职业身份认同的构成

教练员的身份认同包括国家公民身份认同和教练员职业身份认同两类，本书仅对职业身份认同进行分析。身份是一种成员地位，它包含了一系列的权利、义务和责任。身份是由社会所建构的，是行为者通过其在社会环境中不断和他身外的或者未曾预料到的经验相遇，并把某些经验选择为属于自身的东西。[①] 在社会

---

① 参见钱超英：《身份概念与身份意识》，《深圳大学学报（人文社会科学版）》2000年第2期。

学中，身份认同主要包括个体认同和社会认同两个方面[①]，教练员的职业身份认同亦包括上述两个方面。但是，由于教练员长期生活于运动队或体育俱乐部这些“组织”中，教练员职业身份认同无时无刻不受“组织”的文化影响，组织认同也是教练员职业身份认同的重要方面。因此，教练员的职业身份认同包括个体认同、组织认同和社会认同三个方面。

2. 教练员身份认同形成

教练员的个体认同主要是一种内在的认同，是一种内在化过程和内在深度感，是教练员个人依据自我经历所形成的、作为反思性理解的自我，大致包括自我认同和角色认同两个方面。教练员的社会认同是指教练员在社会实践中（主要是运动训练实践）对教练员群体特定价值、文化、信念的一种接近的态度。教练员的职业身份认同，既强调社会某些因素（如制度）对个人和群体的位置、机会、权利等方面的预先安排，也强调个人和群体自身行为与心理对所获得的位置、机会、权利等方面的强化与再造；既包括个人对自我身份、地位、利益和归属的一致性体验，也包括群体成员对集体身份、地位、利益的认知及在此基础上所表现出的群体行为模式。因此，教练员的职业身份认同的生成机制包括社会生成机制、组织促进机制和自我建构机制。

教练员职业身份的认同，离不开身份认同的促进。毕竟，当个体一旦进入或从事教练员职业，就不可避免地需要纳入教练员角色为其参照。这种角色既有历史累积下来的规范、习俗和文化认知，也有明文制度和政策的赋予。身份认同促进行为是指社会、组织及教练员个体所表现出的与教练员身份认同发展相关的行为。从行为促进的实施主体看，教练员职业身份认同的促进行为包括国家促

---

① 参见王成兵：《当代认同危机的人学解读》，中国社会科学出版社 2004 年版，第 16 页。

进行为、组织促进行为和教练员个体的自我促进行为。从行为促进的过程看，包括教练员职业身份适应（身份适应是教练员对自己身份认知的结果，涉及"我是谁"）、身份探索（身份探索是教练员对身份认同表现出来的态度、情感等方面的集合）、身份归属感（身份归属感是指教练员个体意识到自己属于教练员这个群体中的一员，并经常有与教练员身份荣辱与共的情感体验）以及身份自主选择行为（身份自主选择行为是教练员身份主动适应的行为表现）等。

（二）社会对教练员职业的身份认同

1. 制度安排

制度安排主要包括制度期望、权益关注。

（1）制度期望

制度期望是指他人或社会对主体的一种期望、规定和认可。为了加强对教练员的管理，我国各级政府制定相应管理办法，界定教练员的职责，规范教练员行为。教练员要"模范遵守国家的法律、法规，遵守职业道德，维护社会公德，执行各项规章制度，热爱、忠诚体育事业，具有良好的敬业与奉献精神"。"各级体育教练员必须拥护中国共产党的领导，热爱社会主义祖国，努力学习马克思列宁主义毛泽东思想和建设有中国特色社会主义的理论；履行教练员职责，遵守教练员守则，具有良好的优育道德和为体育事业献身的精神。"[①]另外，为了加强教练员的管理，各级各层次体育行政管理部门在教练员注册时也提出相关要求，这无疑也是一种制度期望。教练员"要按照培养有道德、有理想、有文化、有纪律，各项素质全面发展的人才要求，关心运动员的成长，做好运动队的管理工作，要按照教练员岗位职责要求，努力学习政治、文化、科技知识，提高政治觉悟、思想文化修养和业务理论水平，参加规定的进

① 人事部、国家体育运动委员会:《体育教练员职务等级标准》,1994 年 11 月4 日。

修学习"[①]等。其实,教练员管理制度实际上体现了一种国家的制度期望,表达了对教练员的职业认同。

(2)权益关注

权益是指公民受法律保护的权力和利益。关注教练员的权益(如收入、职称、选拔)也是国家对教练员职业身份认同的重要体现,同时也体现了或强调了责任、义务与利益的对等。教练员拥有宪法所规定的涉及政治、经济、文化及社会等领域的基本权益以及来源于《民法》《行政法》《诉讼法》《商法》《刑法》《劳动和社会保障法》《体育法》等法律法规所赋予的具体权利。教练员作为一种有法律明确界定的社会职业,依法享有《中华人民共和国劳动法》规定的劳动者在劳动关系中的平等就业、选择职业、取得劳动报酬、获得劳动安全卫生保护、休息、职业培训、提请劳动争议处理等法律规定的各项权利。物质、制度、利益、自由、主张、正当、应得、权力、意志等是教练员权利的构成要素,自由与利益是教练员权利要素最重要的表现形式。[②]

但是,在我国目前的法律体系中,对教练员权利的保护,只能依靠《宪法》《民法》《刑法》《行政法》《体育法》以及程序性法律等普遍适用的法律。在专门性法律法规方面,我国目前除了少量具有计划经济色彩的地方性部门规章或政策文件涉及教练员工资制度、职称评定、奖励措施等权利外,还没有专门针对教练员权利保护的正式法规条款。在竞技体育职业剧烈变化的现实中很难对现役教练员权利保障发挥作用,而在《体育法》中也无对教练员权利的原则性规定,更无落到实处并在现实中能够发挥作用的法规。各级政府、体育主管部门、俱乐部能够提供保障教练员工作顺利实施的物质环境,教练员能够在身心愉悦情绪体验中不懈奋斗、甘于

① 国家体育总局:《全国体育教练员注册管理办法》,2015 年。

② 参见范进学:《权利概念论》,《中国法学》2003 年第 2 期。

奉献的精神环境，相关政策法规、奖惩制度保障激励教练员全身心投入到运动员选材、训练比赛、体育科研的制度环境，三者的完美结合才能保障教练员权利的实现。物质是基础，精神是动力，法律制度是保障教练员权利实现的必需条件。

2.荣誉授予

荣誉是指光荣的名誉，是由外部机构（通常是比较权威的组织，尤其是党政机关）所授予的具有光荣名誉性质的名称或标志实物，它意味着某种肯定、认可或鼓励。授予荣誉，可以是授予称号，亦可以是授予奖章。

荣誉是一种终极的激励手段。它主要是把工作成绩与晋级、提升、选模范、评先进联系起来，以一定的形式或名义标定下来，主要的方法是表扬、奖励、经验介绍等。荣誉可以成为不断鞭策荣誉获得者保持和发扬成绩的力量，还可以对其他人产生感召力，激发比、学、赶、超的动力，从而产生较好的激励效果。

同时，荣誉又是一种认同手段。从国家治理层面讲，国家荣誉制度是国家治理体系的重要组成部分。在我国，国家荣誉制度是宪法确立的一项重要的国家治理手段。国家荣誉既包括国家层面的勋章和荣誉称号，也包括地方政府所颁布的勋章和荣誉称号，这些是根据国家荣誉的不同性质由不同工作机构进行的分类管理，是一种职权的分工。积极运用各种国家荣誉制度，可以凝聚全国各族人民对国家、制度和道路的认同，有助于激发和鼓励广大人民群众为党和国家事业努力奉献的正能量，也有助于形成社会主义核心价值观主导的历史记忆。相对于其他凝聚国家认同的方式和制度，国家荣誉制度是一种低成本、高收益的治理手段。其实，西方国家基于不同的历史和文化传统，有的通过宪法和法律明确规定国家荣誉制度，有的则通过不成文的宪法惯例予以确认。[①] 在社会层面，一些非政府组织、事业单位、行业（企业）协会等也开展相关领域的荣誉评选。就教练员而言，赋予荣誉称号，授予荣誉奖章，可谓一种极大的认同。国家、社会通过赋予教练员荣誉以此达到认同，主要是授予奖章、授予荣誉称号、举办典礼仪式等。

（1）授予奖章

授予体育运动奖章是中国体育运动的最高荣誉奖，由国家体育行政部门等颁发，目的是为了鼓励和表彰优秀运动员、教练员在年度重大国际比赛中取得的优异运动成绩和为国家做出的突出贡献。奖章包括中国奥林匹克金质奖章、体育运动荣誉奖章以及具体运动项目的杰出贡献奖等等。原国家体委于 1987 年制定了《授予优秀运动员、教练员体育运动奖章的暂行办法》（体育运动奖章分四等：体育运动荣誉奖章、体育运动一级奖章、体育运动二级奖章、体育运动三级奖章），2015 年国家体育总局又根据《中华人民共和国体育法》重新修订了《运动员、教练员体育运动奖章授予办法》（体育运动奖章设为体育运动荣誉奖章和体育运动一级奖章，奖章只授予获得相应运动成绩的运动员及教练员本人）。2016 年，国家体育总局对 2016 年度取得优异成绩的运动员和教练员予以表彰，韩冰岩等 147 名教练员获得 2016 年度体育运动荣誉奖章，刘海涛等 86 名教练员获得 2016 年度体育运动一级奖章。

（2）授予称号

多年来，国际奥委会、国家体育行政部门、国家（国内）社会组织等开展了“教练员奖”“感动中国风云人物”“体坛风云人物”等评选或授予活动。授予称号是职业认同的重要方式与手段，对推动教练员的工作投入、为国家做出贡献发挥重要作用。表 7-1 为著

① 参见翟国强：《实施国家荣誉制度 凝聚国家认同》，2016 年 10 月 30 日《光明日报》。

名排球教练郎平曾获得的部分荣誉称号。

表 7-1　　　　郎平曾经获得的部分荣誉称号

序号	荣誉称号	获奖年度
1	入围第二届国际奥委会终身教练奖候选人	2018
2	大本钟奖体育类终身成就奖	2017
3	2017 年度大本钟奖体育类十杰华裔教练员	2017
4	“感动中国”2016 年度人物特别致敬(中国女排)	2017
5	2016 CCTV 体坛风云人物年度最佳教练奖	2017
6	2016 中国十佳劳伦斯冠军奖最佳教练奖	2016
7	Volley wood 年度最佳教练	2016
8	影响世界华人大奖	2016
9	当选“感动中国”2015 年度人物	2016
10	2015 CCTV 体坛风云人物年度最佳教练奖	2016
11	2015 CCTV 体坛风云人物评委会大奖	2016
12	2014 CCTV 体坛风云人物年度最佳教练奖	2015
13	国际奥委会授予她“妇女和体育”贡献奖	2012
14	当选光耀 60 年中华人民共和国最具影响力体育人物	2009
15	入选世界排球名人堂	2002
16	被国家体总授予“全国体育系统先进工作者”称号	1998
17	被国际排联评为 1996 年度女排最佳教练	1997
18	当选为“建国 45 周年体坛 45 英杰”之一	1994
19	荣获国际奥委会纪念 1985 年“国际青年奖牌”	1985
20	被全国妇联授予“全国三八红旗手”称号 被中国人民解放军总政治部授予一等军功奖章	1984
21	体育运动荣誉奖章	1983
22	全国十佳运动员	1985

(3)举行仪式

让教练员参加竞赛颁奖或单独为教练员举行某种仪式，既是一种激励方式，也是一种职业认同。如上文所述，2017 年体育总局印发了《关于第十三届全国运动会实施教练员激励政策的通知》，要求第十三届全国运动会颁奖仪式上为前 3 名运动员(队)颁发奖牌的同时，要为教练员颁发奖牌，还要在单项成绩公布和成绩册上标注主管教练员等。

(三)组织对教练员职业的身份认同

1. 职业身份认同教育

教练员的职业身份认同教育包括教育目的和教育内容两方面。

(1)职业身份认同教育目的

面对预成的、既定的教练员身份，教练员可有积极的或消极的两种态度。积极的态度表现为教练员对自己身份的高度认可和肯定，是一种自觉的、主动建构的认同，教练员会觉得具有“教练员”身份而倍感优越和自豪。消极的态度是教练员会以一种悲观甚至自卑的心态看待自己的身份，可能为自己的教练员身份而感到自卑。教练员教育作为一种有目的的教育活动，负有促进教练员身份认同的责任，教练员职业认同教育必须融入到教练员教育中。教练员教育的重要任务之一就是要引导教练员形成积极的身份认同，调适消极的身份认同，这也是教练员教育的重要目标。

(2)职业身份认同教育的内容

组织层面对教练员职业认同教育，主要包括认知教育、情感培育和行为促进等三个方面。

一是认知教育。认知教育就是教练员对自己身份和对自己所属共同体的认知，具有关于教练员身份的知识。作为一名教练员，具有哪些权利、义务和责任，应该如何履行，对教练员所属群体或教练员共同体的构成、运行规则、行为方式都应该有所了解。在教练员教育培训时，这些内容都应作为培训的重要内容，并且要加以贯彻落实。

二是情感培育。教练员对教练员职业的情感培育是教练员认同教育的重要内容。积极的职业情感能促进教练员工作投入，但是教练员积极的职业情感不是一蹴而就的，也不是自动生成的，而是伴随着教练员融入教练员共同体、对职业身份的认知而逐渐产生并建立起来的。教练员对自身职业身份的认同不同于认知，认知是客观地了解和掌握相关的知识，认同则是在认知基础上的赞同和接受，对教练员这一共同体产生归属感。教练员对教练员职业的自尊心、自豪感乃至升华成的爱国主义情感，既是认同的重要构成，也是认同的关键因素。

三是行为促进。对职业身份的认同不能仅仅停留在情感上的接受和赞同，还必须通过情感认同将教练员职业身份知识、情感转化为一种具体的实践行动，即教练员的行为，而这些行为涉及训练行为、管理行为、个人形象、公共精神等方面。

2. 职业身份认同教育举措

职业身份认同教育举措主要包括以下三个方面：

(1)身份认同教育融入教练员人才培养全过程

教练员人才培养是国家体育系统的重要工作。教练员人才培养形式既有岗前教育又有入职后的岗位培训、专题培训等教育，既有理论学习又有实践观摩等。培养内容既有专业(专项)理论知识和实践操作技能，又有人文素养等。目前，国内教练员培养主要从专业(专项)和思想道德素质进行教育培训，而教练员职业身份认同教育尚未引起足够重视。因此，教练员职业身份认同教育融入到教学内容、课程教学、实践教学和师资队伍等人才培养整个过程中，具有重要价值。

(2)教练员实践共同体的参与

所谓“共同体”，是指社会中存在的、基于主观上和客观上的共同特征（这些共同特征包括种族、观念、地位、遭遇、任务、身份等）而组成的各种层次的团体、组织。共同体一般是组织成员在社会互动的基础上，具有一定的组织方式和社会规范，其成员之间具有共同的价值认同和生活方式、共同的利益和需求以及强烈的认同意识。国家体育系统主导成立的各种运动训练管理团队则是共同体的重要构成。

教练员尤其是年轻或新入职的教练员，积极参加教练员共同体有着重要意义。通过共同体的参与，教练员可以依靠共同体获得身份、地位和权利，也依靠共同体帮助其满足各种依靠自身无法满足的需求，如获得社会认同和归属感等。通过共同体参与，教练员职业身份认同经历了由个体身份向集体身份的转变和由单一身份向多元身份的转变。通过观察、模仿、参与共同体教练员实践活动，逐渐获得共同体成员资格以及身份、地位，是实现由新手身份向老手身份转变的一种途径。

(3)认同教育的保障

教练员职业身份认同教育离不开相关制度等保障，良好的保障才能使职业身份认同培育效果更有效，更稳定，更持久。教练员职业认同保障主要表现为组织制度、训练条件、薪酬福利、领导行为、教练员个人地位和组织文化等。其中，组织制度主要包括信息公开制度、竞聘晋升制度、考核评价制度、福利分配制度以及训练管理制度等，训练条件包括训练经费、训练设施、教练员队伍建设等；薪酬福利包括奖金、工资、休假等，领导行为包括领导管理水平、领导专业水平、领导人格魅力、领导与群众关系等，个人地位包括领导认可、队员信任、同事认同、职业社会地位等，组织文化包括组织的训练管理理念、组织人际关系、教练凝聚力等。作为体育俱乐部或运动队，要结合上述内容加强建设。

(四)教练员职业身份的自我认同

教练员职业身份仅仅依靠国家、社会、组织予以认同,尚不能或不能达成相应的效果,教练员要对自身进行反思、认定和追寻,要有必要的、积极主动的自我认同。吉登斯认为,自我认同是"个体依据个人的经历所反思性地理解到的自我"①。教练员的自我认同就是教练员不断反思自己的教练员职业,对教练员职业生活和发展等所进行的深层追问、理解和定位,并最终谋求自我价值在教练员职业中得以实现的过程。

1. 自我了解

自我了解就是对自我所处环境的适当评估,对所扮演角色的正确认知和对于理想与现实能力的掌握。教练员要结合自己的教练员职业进行反思,清楚自己的职业特点,明确自己的职业责任与义务等;教练员对自己的个性要有深刻的了解,对自己的特长与能力等进行深刻追问分析,剖析从事教练员职业所拥有的资本、教练技术等方面的优势与差距;教练员要知道自己"想做怎样的教练员,自己的教练员愿望和理想是什么",自己对"教练员职业的道德观和价值观是什么"作出深刻拷问和总结。

2. 行动反思

反思是教练员的一种重要能力。反思是教练员对其训练管理行为和专业发展过程中一种内省式的自我研究。在教练员自我认同的建构中,教练员成为反思者的意义尤为显著。教练员个人是自我认同建构的主体,教练员自我认同的形成有赖于自主地反思自身,通过与自己对话,不断修正其信念、态度和假设,进而发展出新的认同。

① [英]安东尼·吉登斯:《现代与自我认同》,赵旭京等译,三联书店 1998 年版,第 275 页。

3.资本积累

人的自我永远都无法仅靠自己而确立，总是需要内外在的支撑和证明。认同的建立是需要条件的，即资本。在特定社会场域中，对资本的占有和使用成为人的社会身份确立的核心条件，也决定着个体在场域中的地位。“地位是由一个人所掌握的资本数量及强度决定的，而资本的数量则取决于特定社会中资本的分配方式。所谓地位之争实际就是资本之争。资本位于力量的中心，同时也位于权力与地位的中心。”①因此，教练员欲提升自我认同感，就要加速自身各类资本的积累，要通过时间和精力的投入来获得。

二、教练员的职业文化认同

（一）教练员的教育与学习

文化认知是文化认同的前提和基础。教练员对体育文化的认同程度与其对文化知识的了解息息相关，而教育与学习是文化知识了解、掌握的重要途径，教育与学习也是促进教练员文化认同形成和发展的重要途径。通过教育，国家依据教育目标，对教练员思想的形成提供群体角色的规范；通过学习，从事教练员职业或共享教练员职业文化的个体按照体育文化的导向形成价值意识，真正转化为群体中的一员。教练员的体育文化认同教育，需要注意以下几个方面：

1.要以中华民族的（体育）文化史实为核心

历史和文化是不可分离的，任何一个国家的历史都是以文化形态书写和传承的，中华民族的体育文化发展也不例外。中华民族在长期的发展中形成很多体育文化史实，成为中华民族的瑰宝和重要教育内容。19 世纪 70 年代后，一些先进的中国人为了“救亡图存”

---

① ［法］布尔迪厄：《文化资本与社会炼金术——布尔迪厄访谈录》，包亚明译，上海人民出版社 1997 年版，第 190 页。

而纷纷向西方国家寻求真理，由此逐步形成一种改良主义思潮。在改良派所提倡的新学中，就包括了近代体育的思想内容。国内革命战争时期，体育运动是红军进行战备训练、增强战士体质、活跃与丰富部队业余文化生活的重要内容，即使在长征途中，他们仍然结合练兵，因陋就简地开展体育运动。红军的体育活动，体现了为革命战争服务的目的和艰苦奋斗的革命精神，其优良传统为后来的八路军、新四军和人民解放军所继承和发扬。中华人民共和国成立后，全国体育工作者代表大会召开，提出了建设“民族的、科学的、大众的新体育”的号召。毛泽东同志“发展体育运动，增强人民体质”的题词，为我国体育发展奠定了重要的思想基础。随后中华全国体育总会和中央人民政府体育运动委员会相继成立，体育基础设施建设和队伍建设得到大力加强，体育得到广泛普及和显著提高，逐渐摆脱了旧中国体育的落后面貌。促进教练员对中华民族体育文化的认同，就要以中国体育史以及运动项目史为依托，加强教练员中华民族体育文化的认同教育。

2. 以中国当代（体育）文化教育为基点

任何一种文化都离不开历史的积淀，对文化的良性认同也离不开对当下文化的观照，因为“只有现实的、生动的当下实践，才是唯一的活水源头，才是历史与未来、本土与外来的交汇点”①。

教练员的体育文化认同教育，既要尊重中国体育历史，更要立足当下，只有实现对当代中国体育文化乃至更大范围文化的认同，才能生发出文化认同的强大精神动力。中华体育人在多年的体育实践中，总结出以为国争光、无私奉献、科学求实、遵纪守法、团结协作、顽强拼搏为主要内容的中华体育精神，这种精神已经成为我们全社会的共同精神财富。② 立足当下开展教练员的体育文化认同教育，就是紧密结合国内意识形态领域发展变化，要把社会主义

① 沈壮海：《文化软实力及其价值之轴》，中华书局 2013 年版，第 123 页。

② 参见孙大光：《中华体育精神与爱国主义》，2012 年 4 月 4 日《光明日报》。

核心价值观教育融入到教练员教育中，或者将中华体育精神融入到社会主义核心价值观教育中，用具有当代中国特色的价值观凝聚共识；要向教练员开展当代中国体育文化元素、体育文化形象、体育文化符号的宣传与教育，使教练员成为当代中国体育文化的传播者和实践者；深入挖掘反映中华体育精神的体育文化资源和先进典型，加强体育精神、体育文化的认同教育。

（二）教练员的文化实践

1. 关于文化实践

实践范畴是马克思主义哲学的核心范畴，实践观点是马克思主义用以观察一切问题的主要观点。“文化实践”与“文化”范畴有直接关系，文化实践是人类改造世界过程中创造文化产品和形成精神成果的对象化活动。它是文化生产的参与者凭借一定的社会关系，创造出反映或体现自然、人类社会和人类思维等内容的文化产品的过程。葛兰西认为，文化实践作为一种“绝对创造性活动”是与文化以及人的现实的历史活动联系在一起的。[①] 文化实践不是一个抽象的概念，文化自产生以来就与实践密不可分，是始于实践、依存于实践并以实践为其重要表现形态。它与人的现实的历史活动，与文化的生产、交往、消费密不可分，文化生产、文化交往和文化消费也是表征文化实践的三种基本样态。[②]

2. 教练员文化实践的途径

(1)科研

教练员的科研活动不仅要以提高竞技能力或体育科技保障为目标，而且更要重视科研中的知识生产。毕竟教练员既是知识的需求主体，又是知识的生产主体。知识生产是教练员通过脑力劳

---

① 参见［意］葛兰西：《狱中札记》，葆煦译，人民出版社 1983 年版。

② 参见郝立新、路向峰：《文化实践初探》，《哲学研究》2012 年第 6 期。

动创造出新知识(包括知识形态的科学技术)的过程,知识生产是教练员文化实践的重要途径。教练员要重视科研活动,要将日常训练过程中的训练管理经验、心得进行高度提炼、凝练,并上升到理论高度;参加必要的科研团队,在团队中学习知识,更应将自己的经验知识与他人沟通交流,以供他人总结归纳;要在适时机会形成文字(文献)性材料,如文章、专著、教材等。

(2)教学训练

教学训练是教练员应用知识的具体实践过程,也是教练员知识生产的过程,更是教练员文化实践的一个重要过程。

(3)文化交流

文化交流是世界文化进步的一个重要条件,也是推动文化全球化和多样性的内在要求。教练员的体育文化交流主要有以学术活动为载体、以教练员专业培训为载体和以运动项目推广为载体三种形式。

三、教练员的职业情感认同

情感并不是随着人的自然成长而随意成熟起来的,它是在人们不断接受教育的过程中逐渐发展并走向成熟的。情感认同的产生要经过情感的唤醒、激发、实现、提升才能最终实现。情感的唤醒是情感认同的准备,激发是情感认同的动力,实现是情感认同的关键,提升是情感认同层次的推进。

1.以需要的满足唤醒情感认同

要想唤醒人类情感,需要两个重要因素,即满足人的某种需要和对行为进行奖励和惩罚。需要的满足是人对事物产生情感的必要条件,如果人的需要得不到满足,情感则无从谈起。欲增进教练员的职业情感认同,就要满足教练员的需要,如经济地位、社会地位、职业地位以及社会声望等。

2.通过典礼仪式或专项活动等促进情感认同的实现

兰德尔·柯林斯认为，仪式是人们各种行为姿势相对定型化的结果。仪式使符号化的道德规范可见、可感，使理论化的价值观具体化、形象化。仪式表达了某种情感，仪式可以产生情感共鸣和认同感。关于教练员的仪式有多种，如颁奖仪式、表彰仪式、就职仪式、聘任仪式、培训仪式等，相关组织机构要充分认识到各种仪式对教练员情感认同的作用，发挥仪式的作用，达到凝聚、激励等功能。专项(门)活动往往是为特定的目的而进行的(教育)活动。近年来，国家体育行政管理部门基于国内思想意识形态开展专项活动，如社会主义核心价值观教育等，发挥出了积极效果。

3.以楷模引领情感认同的提升

楷模是汉语中的一个常用词，意为“榜样、模范、法式”。树立楷模是鼓励的一种有效方式，也是情感认同的提升方式。通过楷模可以引领教练员对职业情感认同的提升，国家体育行政管理部门等组织机构积极开展教练员评选等活动，不断促进教练员的职业情感认同。

第三节　教练员的国际理解教育

一、关于国际理解教育

1946年，联合国教科文组织以实现人类和平为宗旨，在第一次大会上提出“国际理解教育”的理念。“国际理解教育”指的是培养国民对其他民族和其他国家的文化的理解与尊重的教育，其主要目的是促进不同文化之间的相互理解，促进民主精神的发展，促进国际交流与团结合作，维护世界和平。但是，国际理解教育不是放弃本国本地区的文化，而是“各国依然坚持本国的个性，互相尊重这种个性，站在全人类、全球的立场，以全人类的和平和全球的生命为目标，在所有领域作为地球村的一员能够相互贡献、尽到本国责任的这种国民教育”①。国际理解要“在纷繁复杂的世界局势中维系自己稳定的价值体系，培养对自身文化传统的认同和对世界文化的包容态度”②。国际理解教育促使“每个人都能够通过对世界的进一步认识来了解自己和了解他人，将事实上的相互依赖变成为有意识的团结互助”③。国际理解教育应是对民族精神的弘扬与对多元文化的理解与尊重，全球的胸怀与视野，理解世界各国相互依存的关系，遵守国际基本法则的意识等方面。④

在体育领域，现代奥运会创始人皮埃尔·德·顾拜旦非常重视奥林匹克运动的国际理解教育，他主张并坚持奥林匹克运动的普遍性，他所倡导的普遍性不但是指全世界的所有国家和地区最大范围地参与奥运会，而且是指对不同文化的容纳与尊重，甚至是积极吸纳所有文化的精髓。“奥林匹克运动是教育运动。”⑤其特点一方面表现为“普适性和全球性，因为它要传播的奥林匹克理念具有超越国家、宗教、种族、性别等一切社会障碍的普遍价值，其教育活动覆盖全世界各国”⑥；另一方面表现为“民族性和本土性，因为它的教育对象具有各自民族的文化和差异，其实施的具体环境

---

① ［日］岸根卓郎：《我的教育——论真·善·美的三位一体化教育》，何鉴译，南京大学出版社 1999 年版，第 47 页。

② 姜英敏：《国际理解教育≠对外国、外国文化的了解》，《人民教育》2016 年第 21 期。

③ ［法］雅克·德洛尔：《教育——财富蕴藏其中》，联合国教科文组织总部中文科译，教育科学出版社 1996 年版，第34 页。

④ 参见刘洪文：《国际理解教育的定义内涵初探》，《江西青年职业学院学报》2006 年第 2 期。

⑤ Roland Naul, *Olympic Education*, Oxford: Meyer & Meyer(UK)Ltd., 2008.

⑥ Geng Shen, “Education for International Understanding in Action,” *Journal for Olympic Education*, 2007, 6(19): 1.

有各自国家和地区的社会差异。奥林匹克教育计划要取得成功,既需要将普适的奥林匹克教育价值与本土的社会背景相结合,也需要从其他国家的奥林匹克教育中汲取经验”①。

基于奥林匹克的国际理解教育,对国家、组织和个体等不同层面的推动或实践都具有一定的现实意义。从教练员角度讲,开展国际理解教育,能够让教练员充分了解、践行奥林匹克主义、宗旨、精神、权利、格言等所构成的奥林匹克思想价值;能够使教练员具备更开放、平等、宽容、尊重的国际视野;能够让教练员理性地认识和认同各国文化,并能使教练员更深入地理解本民族、本国的文化;能够让教练员将奥林匹克思想价值与本土的社会背景相结合,在追求理解与被理解的过程中更好地与来自不同文化的人共存、共生;能够让教练员积极践行“增强体质、意志和精神并使之全面均衡发展”,“谋求体育运动与文化和教育的融合,创造一种以奋斗为乐,发挥良好榜样的教育作用并尊重基本公德原则为基础的生活方式”的奥林匹克主义;能够传播和实践“相互理解、友谊、团结和公平竞争”的奥林匹克精神,实现奥林匹克宗旨,使体育为人的和谐发展服务,以促进建立一个维护人的尊严的和平社会。②

二、教练员国际理解教育的内容

目前,国内学界对“国际理解教育”的目标分类大多采用了认知、态度、能力的三维目标框架,然后对每一目标中具体的内容领域作出界定。教育目标规范着教育内容,国际理解教育的内容应

① Ren Hai, “Olympic Education and Cross-Culture Communication,”*Educational Science Research*. 2007(12):7.

② 参见郝勤:《奥林匹克传播:历程、要素、特征——兼论奥林匹克传播对北京奥运会的启迪》,《体育科学》2007 年第 12 期。

该包括以下三个方面：

(一)知识

1.奥林匹克思想体系

加强对奥林匹克运动发展情况的了解，把握奥林匹克运动发展的基本趋势。充分掌握奥林匹克主义的内涵，即：奥林匹克主义的中心思想是人的和谐发展；奥林匹克主义强调人的和谐发展的关键是生活方式的改善；奥林匹克主义将体育运动作为实现人和谐发展的途径；为达到人的和谐发展的目的，体育运动必须与教育、文化相结合；奥林匹克主义强调奥运选手的榜样作用。掌握奥林匹克精神内涵，把奥林匹克精神作为国际理解教育的核心。清楚奥林匹克运动的宗旨，奥林匹克运动的目标是促进人类社会向真善美的方向发展，奥林匹克运动试图以富有人文精神的体育运动作为实现自己宗旨的途径，在世界各国青年间建立起友谊的纽带。把握奥林匹克运动"更快、更高、更强"格言，在竞技运动中要不畏强手，敢于斗争，敢于胜利，而且鼓励人们在自己的生活和工作中不甘于平庸，要朝气蓬勃，永远进取，超越自我，将自己的潜能发挥到极限，等等。

2.中国体育核心价值

"体育不仅仅是一种身体运动，更是一种教育手段，一种生活方式，一种精神载体，一种财富基石，对于建设民主法制、公平正义、诚信友爱、充满活力、安定有序、人与自然和谐相处的社会，具有独特的价值和重要作用。"[①]掌握中华体育精神及其价值；重视中国体育文化尤其是所从事运动项目文化的了解与掌握；清晰当下中国体育文化对于个体生存空间、生命质量、生活方式的独特价

① 刘鹏：《在国家体育总局深入学习实践科学发展观活动动员大会上的讲话》，http://www.sport.gov.cn/n16/n1077/n1242/954516.html。

值,在社会层面上对社群稳定、社区和谐、社会活力的积极价值,对于国民利益、国家实力、国际形象的表征价值。[①]

(二)态度

国际理解教育需要培养教练员对于世界、国家、组织、个体等的责任担当。培养教练员对世界各国文化差异的容忍和理解。要相互理解、友好、团结,要形成一种精神氛围,以世界公民的博大胸怀去认识和理解自己国家、民族以外的事物,做到自己理解他人,自己能够被他人所了解,最终实现人与人之间的相互理解。学会尊敬其他国家民族,以比较客观公正的态度去看待别人和自己,虚心地吸取其他文化的优秀成分,不断丰富自己,从而使奥林匹克运动所提倡的国际交流真正得以实现。要保证竞技运动的公平与公正,通过公平公正的竞技运动达到教育、享受娱乐。

(三)能力

应该加强教练员的跨文化交往能力,使教练员具备基本的参与国际体育事务的能力;加强教练员国家、组织、项目内的合作能力的培养;提高教练员的批判能力,学会对多元文化进行理性的判断,去其糟粕,取其精华,等等。

三、教练员国际理解教育的途径

(一)积极参加国际组织开展的相关活动

国际理解教育从其诞生之日起就是在国际组织的倡导和推动下发展与完善的,体育领域的国家理解教育也不例外。面对更加

① 参见易剑东:《中国体育文化建设三题》,《上海体育学院学报》2012 年第 2 期。

复杂的全球化发展趋势，在国际理解教育对于各种文化的共存共荣愈加重要的情境下，联合国教科文组织对国际理解教育的发展仍将起着重大的推动作用，将不断发展国际理解教育的理念，积极引导各国制定关于国际理解教育的政策与制度，大力推行国际理解教育的行动计划以及支持和帮助各国开展国际理解教育实践活动。

国际奥委会为了使国际理解教育真正落到实处，在此方面也做出了不懈努力。奥林匹克青年营作为国际理解教育的具有代表性的活动之一，其宗旨就是为世界各地的青年人创造一次独特的奥运经历和一个和谐的环境氛围，传播奥林匹克精神，消除种族和宗教差异，让青年人体验创新精神、团队精神和崇尚运动、公平竞赛的奥林匹克理念；促进各国青年之间的交流和友谊，展示主办国和主办城市的历史文化和风土人情。其他的非政府（体育）组织也积极推进国际理解教育，例如英国文化教育协会、英格兰足球超级联赛和中国大学生体育协会、中国中学生体育协会（CSSF）联合举办“学转英超”校园足球教练员培训等。

（二）将国际理解融入到教练员的教育培训

教练员的教育培训是国内教练员常规教育的重要途径，把国际理解教育融入教育培训中有其必要性。在课程上可以设置专门的如世界历史、国际政治、世界文化的国际理解教育课程，通过开设专门课程帮助教练员对国际理解知识进行深度把握，进而提升国际理解能力；还可以在课程教学中渗透国际理解教育，培训讲师应充分挖掘课程的国际理解教育元素，在课程教学中融入相关知识。

（三）重视教练员国际理解教育实践

理论结合实践更能发挥国际理解教育的效果。实践形式主要包括跨国文化交流活动、教练员国外研修等。作为国家体育行政部门要拓展国际理解教育的理论、项目、人才等国际交流渠道，搭建教练员教育培训的国际交流平台，加强国际间的互动交流。

（四）注重国际理解教育中的中国文化传播

国际理解教育是理解与被理解的统一，是一个双向互动、传输的过程。重视教练员的国际理解教育基本要求是教练员要积极学习、了解国外文化，更重要的是在国际理解教育中加强中国文化的传播。“越是民族的东西就越具有世界意义，因为自身文化有别于其他文化的特点和个性，才是文化间交流的前提和基础。”[①]在国际理解教育活动中，尤其是在各种国际体育交往中，要宣扬中国优秀政治、经济、社会、体育等方面的文化，尤其是我国改革开放以来所取得的骄人成就。要传播和推广中国体育发展历程中的中国理念、中国故事、中国人物、中国标准、中国产品，发出中国声音，提升国际影响力，提升国家形象。

（五）积极借助“国字号”运动项目学院平台

近年来，国内高校纷纷成立带有“国字号”的运动项目学院，如中国乒乓球学院（上海体育学院）、中国网球学院（南京体育学院）、中国篮球（排球）学院（北京体育大学）、国际足球学院（同济大学、河南大学）、国家足球（篮球）学院（山东体育学院）等等。这些“国字号”的学院成立之时就明确了自己的职能、目标等，新生代的运动项目学院将集理论研究、竞技、文化于一身，担负着推广运动项目、传播中国文化的使命。

以中国乒乓球学院为例，该学院履行高等教育教学、高水平运

① 周鸿：《论培养世界公民的文化包容和自信品格》，《大学教育科学》2008 年第 6 期。

动员训练、国内国际培训、科学研究、国际交流与文化传播等职能，着力培养具备国际视野、卓越才能、创新精神的乒乓界精英，逐步实现“三大目标”，即成为国内外运动员、教练员、裁判员、乒乓球运动管理人员的培养基地，成为传播“国球”文化的教育基地和文化交流基地，成为我国“体教结合”的示范基地。中国乒乓球学院通过积极开展海外训练营、组织国际培训、举办国际赛事、建立跨地区的合作互动交流平台等途径，积极发挥学院的职能作用。

如今“国字号”运动项目学院的办学思路、职能以及具体的业务活动已经成为国家理解教育的重要途径。因此，教练员的国际理解教育可以放置于各运动项目学院发展中，不仅充分发挥或借助运动项目学院这一平台，而且更要凸显这一方面的职能，或用“国际理解”理念引导其发展。

结　语

一、教练员核心竞争力基本理论

教练员的核心竞争力是教练员以知识、资源、技能和责任担当等为基础，在长期的运动训练实践过程中经过整合、内化、积累而形成的，能在运动项目领域保持持续竞争优势的能力。教练员核心竞争力特征：独特性、整合性、延展性、持久性、动态性。

教练员核心竞争力的功能：提升教练员的竞争位势、有助于教练员形成独特的执教特色以及适应国内外体育发展环境的变化等。教练员核心竞争力形成的条件包括内生条件和外部环境，其中，内生条件包括资本、教练技术和责任担当，外部环境包括团队文化、运动项目的技术环境、运动项目发展的制度环境、教练员的继续教育等。

二、教练员核心竞争力的构成

教练员的专业能力是教练员个体将所学的知识、技能和态度在特定的职业活动或情境中进行类化迁移与整合所形成的能完成一定职业任务的能力。教练员核心竞争力包括专业能力、领导力和发展力三个维度。

专业能力包括训练能力、选材能力、竞赛能力。其中，训练能力包括技术训练能力、体能训练能力、心理训练能力和训练负荷调控能力，竞赛能力包括战术运用能力、心理调控能力等。

领导力包括前瞻力、感召力、决断力、影响力。前瞻力是教练员规划运动队、运动员以及教练员个体未来的能力；感召力是教练员吸引运动员、管理人员、科技人员等利益相关者的能力，是教练员自身通过不断完善而形成的一种独特的魅力；决断力是指在一定的时空情景和资源条件下，教练员综合权衡决策风险、决策收益和决策时机，对所要达成的目标和方案作出选择判断的过程；影响力是指教练员用一种为运动队尤其是运动员所乐于接受的方式，改变团队成员的思想和行动的能力。

发展力包括学习力、反思力、创新力。教练员的学习力具有主体性、及时性和创造性等特征。反思力具有实践性、针对性、反省性、有效性和过程性等特征，教练员的有效反思需要具备反思意识、知识、责任感、反思策略和反思环境等。创新能力很大程度上决定着教练员的核心竞争力，教练员的创新能力依赖于创新思维、资本、各种环境的利用以及创新设计与应用等。

三、教练员文化资本的积累

教练员文化资本积累包含着获取、转化、共享等方面。教育培训、行动反思、代际传递、师徒制传承是文化资本获取的重要途径。教育服务购买、文化产品投资、参与或构筑有益的“社交圈”、重视构建良好的人际关系、勤于反思以促进知识内化、学以致用等是文化资本转化的重要途径。积极参与学习型教练员团队、畅通团队成员信息渠道，加强群体互动式学习，推动教练员间知识共享，是教练员文化资本的共享措施。

四、教练员社会资本的培育

教练员要适度拓宽社会网络规模、经营维护网络关系以及积极参与组织活动等，以拓宽或维护社会网络。

教练员“工作—家庭”关系包括“工作—家庭”冲突”和“工作—家庭促进”两个方面。教练员“工作—家庭冲突”主要表现在时间、精力和行为上的冲突。通过个人应对、家庭支持、组织干预等途径解决“家庭—工作冲突”，推动教练员“工作—家庭促进”。

教练员的职业共生是教练员与运动员、科技人员、教练员等主体之间互利共生、和谐发展的工作状态和工作模式。教练员通过尊重、信任建立起与运动员共生关系，通过合作与互补、资源共享等优化教练组成员之间的共生关系，通过合作等达成与科技人员的共生关系，通过博弈达成与上级领导的共生关系。

教练员的社会支持主要内容包括情绪支持、手段支持、情报支持、评价支持，支持主体包括国家、组织和个体，不同支持主体对教练员的支持内容有所侧重。国家支持主要通过岗位培训制度、职务等级制度、选拔制度、奖励性制度等达成对教练员的支持。教练员的绩效评估、待遇与工作条件以及组织公平是组织支持的重要方式。情感支持、工具性支持是家庭支持的重要措施。

五、教练员教练技术的锤炼

教练员决策技术改善途径主要包括：克服从众心理，博学中提高决策的预见能力，从训练竞赛实践中提高决策的应变能力，从思想上提高决策的冒险能力，从心理上提高决策的承受能力，从思维上提高决策的创造力，从信息上提高决策的竞争力以及从参与度上注重使用群体决策等。教练员的沟通技术改善途径：重视沟通的价值，掌握必要的沟通技巧和基本要求等。教练员激励技术的改善途径：厘清对运动员激励的目标，清晰地反映运动员的实际，制定行动计划并加以落实，运动员心态迁善与行为调适等。

六、教练员社会责任的培育

教练员社会责任主要涉及竞技体育、全民健身和学校体育等。教练员履行竞技体育发展责任的主要措施是自律自信与诚信友善、重视感恩与志愿服务、敬业奉献与履职尽责、具有团队意识与互助精神等；履行全民健身责任的主要措施是全民健身宣传教育、服务社区、参与贫困地区或农村地区的体育帮扶以及全民健身的国际传播等；履行学校体育发展责任的措施是积极参加“体教结合”活动、参与运动项目(计划)推广等。

七、教练员职业认同的培育

教练员职业认同包括职业身份认同(身份认同主要包括自我认同、组织认同和社会认同)、职业文化认同和职业情感认同。其中，社会对教练员职业的身份认同措施主要是制度安排、荣誉赋予和举办仪式等，组织对教练员职业的身份认同主要措施是身份认同教育，自我认同措施包括自我了解、行动反思和资本积累等。教练员的职业文化认同措施包括教练员教育与学习、文化实践等；职业情感认同培育措施包括满足教练员需要、通过典礼仪式等实现情感认同、重视楷模的榜样等。

八、教练员国际理解的培养

教练员的国际理解教育的内容应该包括知识(奥林匹克思想

体系和中国体育核心价值体系)、态度和能力三个方面,教练员国际理解教育的途径包括积极参加国际组织开展的相关活动、将国际理解融入到教练员的教育培训、重视教练员国际理解教育实践、注重国际理解教育中的中国文化传播以及积极借助“国字号”运动项目学院平台等。

参考文献

一、中文参考文献

1. 金碚:《竞争力经济学》,广东经济出版社 2003 年版。

2. 郑乐平:《超越现代主义和后现代主义——论新的社会理论空间之建构》,上海教育出版社 2003 年版。

3. 张意:《文化与符号权力》,中国社会科学出版社 2005 年版。

4. 高觉敷主编:《西方近代心理学史》,人民教育出版社 1982 年版。

5. 高宣扬:《布迪厄的社会理论》,同济大学出版社 2004 年版。

6. 侯钧生:《西方社会学理论教程》,南开大学出版社 2001 年版。

7. 张维迎:《信息、信任与法律》,三联书店 2006 年版。

8. 吕峰、金志扬:《像教练一样带团队》,机械工业出版社 2007 年版。

9. 陈春花、杨映珊:《科研团队运作管理》,科学出版社 2004 年版。

10. 俞继英等:《竞技体操高级教程》,人民体育出版社 2000 年版。

11. 靳玉乐:《反思教学》,四川教育出版社 2006 年版。

12. 申继亮:《教学反思与行动研究：教师发展之路》,北京师范大学出版社 2006 年版。

13. 苏春景主编:《教育学》,高等教育出版社 2010 年版。

14. 顾明远:《教育大辞典》,上海教育出版社 1998 年版。

15. 徐学军:《助推新世纪的经济腾飞:中国生产性服务业巡礼》,科学出版社 2008 年版。

16. 胡守钧:《社会共生论》,复旦大学出版社 2006 年版。

17. 袁纯清:《和谐与共生》,社会科学文献出版社 2008 年版。

18. 陆雄文:《管理学大辞典》,上海辞书出版社 2013 年版。

19. 王成兵:《当代认同危机的人学解读》,中国社会科学出版社 2004 年版。

20. 沈壮海:《文化软实力及其价值之轴》,中华书局 2013 年版。

21. 田麦久、武福全、谈太钰:《运动训练科学化探索》,人民体育出版社 1988 年版。

22. 王通讯:《论知识结构》,北京出版社 1986 年版。

23. 胡列:《知识结构与创新思维》,未来出版社 2003 年版。

24. 范徵:《核心竞争力——基于知识资本的核心能力》,上海交通大学出版社 2002 年版。

25. 朱佩兰、钟秉枢、左琼:《教练员——中国体育腾飞的关键》,北京体育大学出版社 2002 年版。

26. 乌杰:《系统辩证学》,中国财政经济出版社 2005 年版。

27.《马克思恩格斯选集》第 1 卷,人民出版社 1995 年版。

28.《马克思恩格斯全集》第 25 卷,人民出版社 1975 年版。

29. [法]布尔迪厄:《文化资本与社会炼金术——布尔迪厄访谈录》,包亚明译,上海人民出版社 1997 年版。

30. [法]布迪厄:《实践感》,蒋梓骅译,译林出版社 2012 年版。

31.[法]布迪厄、[美]华康德:《实践与反思——反思社会学引论》,李猛、李康译,中央编译出版社 1998 年版。

32.[法]布迪厄:《单身者舞会:贝加恩农村社会的危机》,姜志辉译,上海译文出版社 2009 年版。

33.[美]迈克尔·波特:《国家竞争优势》,李明轩等译,华夏出版社 2002 年版。

34.[美]迈克尔·波特:《竞争优势》,陈小悦译,华夏出版社 2005 年版。

35.[美]詹姆斯·科尔曼:《社会理论的基础》,邓方译,社会科学文献出版社 1999 年版。

36. [英]萨拉·索普·克利福德:《企业教练》,黄德海、周媛、陈新中译,北京大学出版社 2005 年版。

37.[英]彼得·J. L. 汤普森:《教练理论入门》,张英波、孙南译,北京体育大学出版社 2011 年版。

38.[英]朗·西韦尔:《核心竞争力》,姜法奎译,中国市场出版社 2008 年版。

39.[英]安东尼·吉登斯:《现代与自我认同》,赵旭东等译,三联书店 1998 年版。

40. [日]岸根卓郎:《我的教育——论真·善·美的三位一体化教育》,何鉴译,南京大学出版社 1999 年版。

41.[法]雅克·德洛尔:《教育——财富蕴藏其中》,联合国教科文组织中文科译,教育科学出版社 1996 年版。

42.[意]葛兰西:《狱中札记》,葆煦译,人民出版社 1983 年版。

43.[美]彼得·圣吉:《第五项修炼——学习型组织的艺术与实践》,张成林译,中信出版社 2009 年版。

44.[法]布迪厄:《社会空间与象征权力》,苏国勋、刘小枫主编《社会理论的政治分化》,上海三联书店 2005 年版。

45.[法]布迪厄:《资本的形式》,薛晓源、曹荣湘主编《全球化与文化资本》,社会科学文献出版社 2005 年版。

46. 王健、李宗浩:《我国竞技体育项目整体发展水平及其影响因素分析》,《天津体育学院学报》2003 年第 4 期。

47. 刘瑞波:《核心竞争力理论研究综述及其展望》,《山东财政学院学报》2009 年第 2 期。

48. 王晓萍:《企业核心竞争力研究的回顾与展望》,《生产力研究》2005 年第 6 期。

49. 黄卓、兰续章:《对竞技体育事业核心竞争力评价指标体系的初步设计》,《安徽体育科技》2001 年第 3 期。

50. 闵健:《体育院校的核心能力与多样化发展》,《成都体育学院学报》2003 年第 1 期。

51. 胡淑贤、杨思瞳:《我国体育用品企业核心竞争力的研究》,《武汉体育学院学报》2006 年第 6 期。

52. 丛湖平、罗建英:《体育商业赛事区域核心竞争力》,《体育科学》2007 年第 1 期。

53. 邓万金、张雪芹:《我国竞技体育核心竞争力指标体系构建研究》,《成都体育学院学报》2011 年第 2 期。

54. 吴劲松、邓万金、张雪芹:《中国竞技体育核心竞争力的定义、构成及特征》,《体育学刊》2012 年第 3 期。

55. 赵广涛:《职业体育俱乐部核心竞争力动力模型的构建》,《西安体育学院学报》2012 年第 4 期。

56. 舒辉:《中国企业核心竞争力培育模式分析》,《世界标准化与质量管理》2004 年第 4 期。

57. 王秉安:《企业核心竞争力理论应用的探讨》,《福建行政学院福建经济管理干部学院学报》2000 年第 2 期。

58. 肖艳芳:《企业文化与核心竞争力培育之关系研究》,《现代财经(天津财经学院学报)》2003 年第 10 期。

59. 郑家成:《大学核心竞争力本质论》,《清华大学教育研究》

2004 年第 6 期。

60. 苏荟、胡宜挺:《高校核心竞争力构成要素及作用机理研究》,《辽宁教育研究》2008 年第 1 期。

61. 杨道远:《高校核心竞争力理论研究述评》,《武汉交通职业学院学报》2014 年第 2 期。

62. 刘颖:《我国竞技体育优势项目核心竞争力的培育及研究》,《沈阳体育学院学报》2006 年第 3 期。

63. 鲁飞:《试论竞技体育的核心竞争力》,《中国体育科技》2007 年第 3 期。

64. 邓万金:《我国竞技体育核心竞争力动态链管理体系研究》,《北京体育大学学报》2018 年第 2 期。

65. 高元元、胡效芳:《陕西省竞技体操队核心竞争力评价研究》,《天津体育学院学报》2009 年第 4 期。

66. 王莹:《安徽省竞技体育事业发展的核心竞争力研究》,《运动》2013 年第 16 期。

67. 祁明德、许晓音:《区域竞技体育核心竞争力培育研究》,《广州体育学院学报》2012 年第 2 期。

68. 刘寒青、刘成、司虎克:《我国竞技体育部分优势项目核心竞争力的构成要素分析》,《天津体育学院学报》2011 年第 2 期。

69. 马维娜:《指向“改造性实践”的教育反思》,《教育研究》2002 年第 12 期。

70. 陈磊:《研究生学术失范的场域理论解析》,《高校教育管理》2014 年第 2 期。

71. 王进:《彝族社会的毕摩场域——布迪厄理论在毕摩研究中的运用》,《毕节学院学报》2009 年第 1 期。

72. 李倩:《场域理论中惯习对老年人闲暇活动的影响——以 Q 市 M 老年公寓为例》,《现代妇女》2014 年第 6 期。

73. 高强:《场域论与体育社会学研究》,《体育学刊》2010 年第

1 期。

74. 侯迎锋:《对体育社会学理论的重新思考:布迪厄和体育社会学》,《体育科学》2015 年第 3 期。

75. 曹祖耀:《"何谓体育社会学"与"体育社会学何为"——布迪厄社会实践理论的运用与启示》,《体育学刊》2010 年第 10 期。

76. 朱俊河、肖焕禹:《体育解说员的场域介入资本》,《上海体育学院学报》2015 年第 1 期。

77. 向勇、周西宽:《体育场域的型塑与弱势群体的体育境遇》,《体育文化导刊》2006 年第 1 期。

78. 朱伟珏:《"资本"的一种非经济学解读——布迪厄"文化资本"概念》,《社会科学》2005 年第 6 期。

79. 张怡:《文化资本》,《外国文学》2004 年第 4 期。

80. 王晓云:《中国家庭文化资本与子女高等教育机会获得的实证研究》,《中国高等教育评估》2013 年第 4 期。

81. 翟光勇、李天珍:《惯习与场域:中国足球困局的文化社会学思考》,《成都体育学院学报》2014 年第 11 期。

82. 范运祥、杜志远、马卫平:《体育教师文化资本的作用及其建构——布迪厄文化资本理论的启示》,《北京体育大学学报》2014 年第 6 期。

83. 赵苍丽、余达淮:《资本的伦理内涵、结构与逻辑》,《道德与文明》2014 年第 6 期。

84. 朱国华:《习性与资本:略论布迪厄的主要概念工具》(上),《东南大学学报(哲学社会科学版)》2004 年第 1 期。

85. 朱伟珏:《超越社会决定论——布迪厄"文化资本"概念再考》,《南京社会科学》2006 年第 3 期。

86. 阮如琼:《影响教练员成功执教素养的构成要素研究》,《福建体育科技》2016 年第 6 期。

87. 张立昌:《教师个人知识:内涵、特征以及其自我更新的构想》,《教育理论与实践》2002 年第 1 期。

88. 许登云、乔玉成:《我国 10 位成功教练员素质特征分析》,《成都体育学院学报》2010 年第 12 期。

89. 李强:《社会支持与个体心理健康》,《天津社会科学》1998 年第 1 期。

90. 李建军:《国际理解的视域与学科维度》,《新疆师范大学学报(哲学社会科学版)》2016 年第 7 期。

91. 吴宝宏:《大学生公民国际理解能力测评指标体系构建》,《广州大学学报(社会科学版)》2016 年第 1 期。

92. 张秀仕:《契约文化与中国现代法治建设》,《玉溪师范学院学报》2003 年第 7 期。

93. 钱超英:《身份概念与身份意识》,《深圳大学学报(人文社会科学版)》2000 年第 2 期。

94. 陶家俊:《身份认同导论》,《外国文学》2004 年第 2 期。

95. 黄铃:《我国中小学心理教师身份认同感现状分析》,《云南教育(继续教育版)》2007 年第 8 期。

96. 何洪涛:《从身份认同看英国工业化进程中的贵族》,《兰州学刊》2010 年第 4 期。

97. 张淑华、李海莹、刘芳:《身份认同研究综述》,《心理研究》2012 年第 1 期。

98. 张军凤:《教师的专业身份认同》,《教育发展研究》2007 年第 4 期。

99. 陈世年:《文化认同:文化和谐与社会和谐》,《西南民族大学学报(人文社科版)》2006 年第 3 期。

100. 龚旭芳:《论意识形态建设的理性认知和情感认同》,《湖北社会科学》2009 年第 12 期。

101. 薛继东:《团队文化的界定及其研究进展》,《中国市场》2011 年第 13 期。

102. 秦曼:《教练员信息需求状况与特征》,《上海体育学院学报》2010 年第 4 期。

103. 中国科学院科技领导力研究课题组:《领导力五力模型研究》,《领导科学》2006 年第 9 期。

104. 刘炳香:《论领导影响力》,《理论学刊》2003 年第 6 期。

105. 龙宝新:《论教师专业成长力》,《教育发展研究》2011 年第 8 期。

106. 应方淦:《论研究生学习力的培养》,《学位与研究生教育》2008 年第 2 期。

107. 王芬、李佑发:《国家级教练员岗位培训的现状调研与对策》,《北京体育大学学报》2007 年第 7 期。

108. 姚俭建、岑文忠:《文化资本的积累机制探微》,《上海师范大学学报(哲学社会科学版)》2004 年第 2 期。

109. 王学军、陈武:《人力资本在企业技术创新中的作用》,《技术经济》2004 年第 12 期。

110. 唐方成:《知识转移与网络组织的动力学行为模式——吸收能力与释放能力》,《系统工程理论与实践》2006 年第 9 期。

111. 施陈彬、李南:《知识释放能力影响知识转移效果的模拟研究》,《情报理论与实践》2011 年第 1 期。

112. 杨燕、高山行:《企业合作创新中知识粘性与知识转移实证研究》,《科学学研究》2010 年第 10 期。

113. 韩翼、周洁:《师徒关系结构、作用机制及其效应》,《管理评论》2013 年第 7 期。

114. 徐仕敏:《知识流动的效率与知识产权制度》,《情报杂志》2001 年第 9 期。

115. 周路路、赵曙明:《工作—家庭增益研究综述》,《外国经济与管理》2009 年第 7 期。

116. 郭修金、胡守钧:《我国教练员与运动员社会共生关系的基本要素研究》,《成都体育学院学报》2011 年第 7 期。

117. 凌文辁、杨海军、方俐洛:《企业员工的组织支持感》,《心理学报》2006 年第 2 期。

118. 李永鑫、赵娜:《工作—家庭支持的结构与测量及其调节作用》,《心理学报》2009 年第 9 期。

119. 范进学:《权利概念论》,《中国法学》2003 年第 2 期。

120. 姜英敏:《国际理解教育≠对外国、外国文化的了解》,《人民教育》2016 年第 21 期。

121. 刘洪文:《国际理解教育的定义内涵初探》,《江西青年职业学院学报》2006 年第 2 期。

122. 郝立新、路向峰:《文化实践初探》,《哲学研究》2012 年第 6 期。

123. 郝勤:《奥林匹克传播:历程、要素、特征——兼论奥林匹克传播对北京奥运会的启迪》,《体育科学》2007 年第 12 期。

124. 易剑东:《中国体育文化建设三题》,《上海体育学院学报》2012 年第 2 期。

125. 周鸿:《论培养世界公民的文化包容和自信品格》,《大学教育科学》2008 年第 6 期。

126. 陈佳贵:《培育和发展具有核心竞争力的大公司和大企业集团》,《中国工业经济》2002 年第 2 期。

127. 刘世锦:《核心竞争力:企业重组中的一个概念》,《中国工业经济》1999 年第 2 期。

128. 丙明杰:《培养核心竞争力——世界 500 强的成功之道》,《管理科学文摘》2000 年第 1 期。

129. 黄津孚:《机遇与我国企业发展机遇分析》,《管理世界》2001 年第 11 期。

130. 潘明华:《着力提升个人竞争力》,《人才瞭望》2001 年第 12 期。

131. 江海潮、张洪波:《人的竞争力评估指标系统研究》,《科技进步与对策》2004 年第 9 期。

132. 王玉敏:《刍议大学生个人核心竞争力的培育与提升》,《现代教育科学》2003 年第 2 期。

133. 张小刚:《论大学生的核心竞争力》,《湘潭师范学院学报》2005 年第 3 期。

134. 刘鎏、王斌:《我国专业体育教练员胜任特征模型的研究》,《体育科学》2007 年第 3 期。

135. 徐仕敏:《知识流动的效率与知识产权制度》,《情报杂志》2001 年第 9 期。

136. 袁伟民:《以备战奥运会为中心,抓好训练竞赛工作》,《中国体育教练员》2003 年第 3 期。

137. 肖天:《对实现我国冬奥会金牌零的突破的哲学思考》,《成都体育学院学报》2003 年第 6 期。

138. 赖德胜、武向荣:《论大学的核心竞争力》,《教育研究》2002 年第 7 期。

139. 王生洪:《高校科学研究的核心竞争力》,《教育发展研究》2007 年第 2 期。

140. 夏仕武:《大学核心竞争力的内涵及其形成特征》,《江苏高教》2003 年第 6 期。

141. 曾昭伟:《论坚持科学发展观与提升大学核心竞争力》,《民办教育研究》2006 年第 2 期。

142. 魏晖、郑晓齐:《我国研究型大学核心竞争力探讨》,《高等工程教育研究》2006 年第 1 期。

143. 方增泉:《新世纪我国高校改革面临的机遇和挑战》,《高等教育研究(成都)》2006 年第 1 期。

144. 孟丽菊:《大学核心竞争力的含义及概念塑型》,《教育科学》2002 年第 3 期。

145. 陈克:《高等学校核心竞争力研究》,《学术交流》2004 年第 7 期。

146. 尹军、于勇等:《对我国部分项目优秀教练员能力结构的研究》,《中国体育科技》2001 年第 10 期。

147. 陆璐:《中国国家级教练员知识形成途径研究》,《天津体育学院学报》2006 年第 5 期。

148. 肖云:《竞技体育教练员信息需求调查分析》,《体育科学》2001 年第 3 期。

149. 曹军:《竞争情报系统中的信息收集与信息分析》,《图书情报工作》2001 年第 6 期。

150. 孙庆国、孙娟:《体育教练员胜任力研究》,《体育文化导刊》2009 年第 3 期。

151. 柴国荣、詹建国:《我国高级田径教练员岗位培训内容选择及对创新能力培养的研究》,《西安体育学院学报》2009 年第 5 期。

152. 李儒新:《专业化视野中的体育教练员继续教育》,《上海体育学院学报》2007 年第 3 期。

153. 李儒新、司虎克:《我国教练员继续教育的现状和需求》,《体育学刊》2010 年第 10 期。

154. 邢文华、余学峰、钟秉枢等:《体育教练员继续教育的设计与实践》,《中国体育科技》2002 年第 9 期。

155. 黄卓、兰续章:《对竞技体育事业核心竞争力评价指标体系的初步设计》,《安徽体育科技》2001 年第 3 期。

156. 梁建平、常金栋:《竞技体育事业核心竞争力的研究》,《山东体育学院学报》2006 年第 1 期。

157. 邓万金、刘永东:《中国竞技体育核心竞争力与竞技体育成绩的关联分析》,《北京体育大学学报》2011 年第 2 期。

158. 邓万金:《中国竞技体育核心竞争力培育途径与措施研

究》,《南京体育学院学报》2011 年第 3 期。

159. 尹军:《对我国部分项目优秀教练员能力结构的研究》,《中国体育科技》2001 年第 10 期。

160. 孙美丽:《大学核心竞争力评价研究》,苏州大学硕士学位论文,2008 年。

161. 张卫良:《大学核心竞争力理论与实践研究》,中南大学博士学位论文,2005 年。

162. 宫留记:《布迪厄的社会实践理论》,南京师范大学博士论文,2007 年。

163. 徐继岭:《文化资本对高等教育机会获得影响的研究》,西南大学博士学位论文,2010 年。

164. 宋静:《家庭文化资本对流动幼儿家长教育选择的影响》,广州大学硕士学位论文,2013 年。

165. 甄国玲:《我国农村的家庭文化资本对儿童受教育状况的影响》,上海师范大学硕士学位论文,2007 年。

166. 李宁:《我国教练员执教行为研究——基于"三大球"的实证分析》,北京体育大学博士学位论文,2011 年。

167. 吴燕:《国内教练技术的发展现状和培训效果迁移研究》,上海师范大学硕士学位论文,2008 年。

168. 欧阳才井:《"企业教练"技术及其在我国中小企业的应用实践研究》,西南财经大学硕士学位论文,2007 年。

169. 邹英:《新生代农民工自我身份认同困境的社会学分析——以长春市为例》,吉林大学硕士学位论文,2007 年。

170. 顾春雨:《我国竞技体育优势项目的形成与演进》,北京体育大学博士学位论文,2013 年。

171. 陈群波:《基于师徒制的教师知识转移研究》,华东师范大学博士学位论文,2016 年。

172. 许欣:《中国竞技运动队教练员工作—家庭冲突研究》,华中师范大学硕士学位论文,2007 年。

173. 唐汉瑛:《企业员工的工作与家庭平衡》,华中师范大学硕士学位论文,2008 年。

174. 尹碧昌:《我国田径教练员胜任力模型研究》,北京体育大学博士学位论文,2012 年。

175. 戴开福:《高等学校核心竞争力研究》,武汉理工大学博士学位论文,2009 年。

176. 范秦海:《对我国优秀田径教练员知识结构的研究》,河北师范大学博士学位论文,2008 年。

177. 毛永:《中国竞技体育专业队教练员个体行为研究》,上海体育学院博士学位论文,2006 年。

178. 吉承恕:《竞技体育教练员胜任力问题的研究》,天津大学博士学位论文,2010 年。

179. 尹碧昌:《我国田径教练员胜任力模型研究》,北京体育大学博士学位论文,2012 年。

180. 李宗浩:《中国竞技体育"金牌"教练员人才资源开发研究》,国家体育总局社会科学研究项目,2005 年。

181. 葛会忠:《国家田径队公开面向社会招聘田径教练员》,2017 年 10 月 27 日《中国体育报》。

182. 贺遐:《谈全运会——为教练员站上领奖台欢呼》,2017 年 9 月 3 日《中国体育报》。

183. 顾宁:《国家队教练员领队思想政治工作培训班结束》,2017 年 12 月 8 日《中国体育报》。

184. 翟国强:《实施国家荣誉制度凝聚国家认同》,2016 年 10 月 30 日《光明日报》。

185. 孙大光:《中华体育精神与爱国主义》,2012 年 4 月 4 日《光明日报》。

186. 国家体育总局:《深入开展国家队理想信念教育　努力提

高运动队思想政治工作质量　备战伦敦奥运》,中国共产党新闻网,2010 年 10 月 19 日。

187. 国家体育总局办公厅:《关于进一步加强教练员岗位培训工作有关事宜的通知》, http://www.sport.gov.cn,2017 年 2 月 10 日。

188. 人事部、国家体育运动委员会:《体育教练员职务等级标准》,1994 年 11 月 4 日。

189. 国家体育总局:《全国体育教练员注册管理办法》,体竞字[2015]084 号。

190. 国家体委科教司:《体育教练员继续教育暂行办法》,体科字[1997]082 号。

二、英文参考文献

1. C. K. Prahalad ,Gary Hamel,"The Core Competence of the Corporation,"*Harvard Business Review*,Vol. 68,No. 3.

2. Gary Hamel,"The Concept of Core Competence," *The Strategic Management Society*,1994.

3. Loic Wacquant, Pierre Bourdieu, *Key Contemporary Thinker*,New Yoky:Macmillan,1998.

4. P. Bourdieu,L. Wacquant. *An Invitation to Reflexive Sociology*,Chicago:The University of Chicago Press,1992.

5. L. D. Wacquant, "Towards a Reflexive Sociology: A Workshop with Pierre Bourdieu," *Sociological Theory*, Vol. 7,1989.

6. P. Bourdieu. *The Forms of Capital—Handbook of Theory and Research in the Sociology of Education*, New York: Greenwood Press,1986.

7. Pierre Bourdieu, *The Field of Cultural Production*: *Essays on Art and Literature*, ed. and intro. Randal Johnson, Cambridge, UK: Polity, 1993.

8. S. Harvey, "Positive Pedagogy for Sport Coaching," *Sport Educ Soc*, 2017(22).

9. K. Deaux, "Reconstructing Social Identity," *Personality and Social Psychology Bulletin*, 1993(19).

10. Effrey, Bing-sheng Teng, "Transferring R & D Knowledge: the Key Factors Affecting Knowledge Transfer Success," *Journal of Engineering and Technology Management*, 2003(20).

11. D. M. Hunt, Michael C. "Mentorship: A Career Training and Development Tool," *Academy of Management Review*, 1983, 8(3).

12. M. G. Zey, *The Mentor Connection*, Homewood, IL: Dow Jones-Irwin, 1984.

13. K. E. Kram, "Phases of the Mentor Relationship," *Academy of Management Journal*, 1983, 26(4).

14. Greenhausjh Beutellnj, "Sources of Conflict between Work and Family Roles," *Academy of Manage Review*, 1985, 10(1).

15. Demeroutie, Geurtsae, Koumpierm, "Positive and Negative Work-Home Ineraction: Prevalence and Correlates," *Equel Opportunities Int*, 2004, 23(1/2).

16. D. S. Carlson, K. M. Kacmar, J. H. Wayne, J. G. Grzywacz, "Measuring the Positive Side of the Work-Family Interface: De-velopment and Validation of a Work-Family Enrichment Scale," *Journal of Vocational Behavior*, 2006(68).

17. J. H. Wayne, Randelae J. Stevens, "The Role of Identita and Work-Family Support in Work-Family Enrichment and Its Work-Realated Consequences," *Vocational Behavior*, 2006, 69 (3).

18. Rotondo M. Denise, Dawn S. Carlson, Joel F. Kincaid, "Coping with Multiple Dimensions of Work-Family Conflict," *Personnel Review*, 2003, 32(3).

19. T. R. Nielson, D. Carlson, M. J. Lankau. "The Supportive as a Means of Reducing Work-Family Conflict," *Journal of Vo-ca-tional Behavior*, 2001(59).

20. P. Voydanoff, "The Effects of Work Demands and Resources on Work-to-family Conflict and Facilitation," *Journal of Marriage and the Family*, 2004(66).

21. H. Selye, *Stress Without Distress*, Philadelphia: Lippincott, 1974.

22. M. A. Cavanaugh, W. R. Boswell, M. V. Roehling, et al., "An Empirical Examination of Self-reported Work Stress among US Managers," *Journal of Applied Psychology*, 2000, 85(1).

23. S. Cohen, T. A. Wills, "Stress, Social Support, and The-buffering Hypothesis," *Psychological Bulletin*, 1985(98)

24. R. Eisenberger, R. Huntington, S. Hutchison, "Perceived Organizational Support," *Journal of Applied Psychology*, 1986 (71).

25. L. A. King, L. K. Mattimore, D. W. King, G. A. Adams, "Family Support Inventory for Workers: A New Measure of Perceived Social Support From Family Members," *Journal of Organizational Behavior*, 1995, 16(3).

26. Z. Aycan, M. Eskin, "Relative Contributions of Child-

care, Spousal Support, and Organizational Support in Reducing Work-family Conflict for Men and Women: The Case of Turkey,"*Sex Roles*, 2005,53(7-8).

27. O. Siu, L. Lu, J. F. Brough, P. Lu, C. Q. Bakker, A. B. Kalliath, T. , et al. , "Role Resources and Work-Family Enrichment: The Role of Work Engagement," *Journal of Vocational Behavior*,2010,77(3).

28. Geng Shen, "Education for International Understanding in Action," *Journal for Olympic Education*, 2007,6(19).

29. Ren Hai, "Olympic Education and Cross-Culture Communication,"*Educational Science Research*,2007(12).

30. Remark by the IOC President Jacques Rogge, The fifth World Sport Convention, Beijing, 2006, 10.

31. L. M. Spencer, S. M. Spencer, *Competence at Work: Models for Superior Performance*, New York: John Wiley & Sons, Inc. ,1993.